ワンオペの悩みが消える！

がんばりすぎない子育て

金子龍太郎・熊田凡子 著

中央法規

はじめに

「もう疲労の限界！」「夜眠れない」「目が離せないので気が休まらない」など、子育て中の母親たちの悩みは尽きません。しかし、悩むのはわが子を大切に育てているためで、子どもの成長に伴って悩みは変わりますし、母親が知識と経験を積めば悩みは解消していきます。

この本では、日々子育ての悩みに押しつぶされそうな母親が、父親や周囲の人たちに支えられて、心安らかに子育てに向き合えるよう、お悩みと疑問に答えます。乳幼児の専門家である二人の著者が、母親からよく聞くお悩みや疑問を、4つのジャンル（第1章 ワンオペ育児のお悩み・疑問、第2章 子育ての疲労のお悩み・疑問、第3章 子どもの育ちのお悩み・疑問、第4章 昔の価値観・常識によるお悩み・疑問）に分けて取り上げ、お悩み・疑問を解消するための具体的方法を示します。

子育てには、私たちが思う以上に赤ちゃんと母親のもつ本能的特性がかかわっています。本能的特性や生理現象は人間の力ではどうしようもなく、子育て上の悩みを母親だけが責任を感じなくてもよいのだと理解して、子育てに取り組んでください。

人類は、母親一人だけでは子育てが困難な存在として進化してきました。ですから、一人だけでがんばって子育てをすると、心身のどこかに無理がきます。複数の人間で子育てすることが必要なのです。

目の前の赤ちゃんを一番わかっているのは、あなたたち母親なのです。自信をもってください。ただし、周囲に子育てにかかわってくれる誰かがいないといけません。妊娠中のプレママも、前もって赤ちゃんのことを知っておくと、出産後に慌てずにすみます。どうぞ、参考にしてください。

肩の力を抜いて、息抜きをしながら、時にはうまくいかなくても60点の子育てでよいのです。満点の子育てを目指さなくても、わが子は育っていきます。二人の愛の賜物として授かった赤ちゃん。見た目もしぐさもとてもかわいく、日々の変化を間近に見て、生まれもった「生きる力」「育つ力」を実感してください。

2024年12月　金子龍太郎・熊田凡子

contents

No.1

ワンオペ育児でもう限界

赤ちゃんと私だけの生活が続き、24時間家事と育児に追われています。身体的にとてもつらくて、精神も病んでしまいそうです。一人でできないと思ってしまうのは甘えなのでしょうか…。

答えます！

ワンオペ育児は異常な姿 人に頼ってＯＫ！

ワンオペ育児は、これまでの人類の歴史になかった異常な育児形態といえます。人間という存在は、母親だけでなく、父親やほかの家族などとともに共同育児をする動物ですから、いろいろな人に子育てにかかわってもらわないといけないのです。やはり、母親以外の人が育児に加わることが必要です。

産院にいる間は、身のまわりのことは病院のスタッフがしてくれますが、１週間ぐらいで退院して帰宅したら、母親一人で家事も育児もしなくてはならない生活に入ってしまいます。これはそもそも無理があることなので、自分一人でやろうとせずに人に協力を求める方法を考えましょう。

やってみよう

産後１か月は静養を最優先しましょう

昔の「床上げ」という習慣のように、出産で弱った母親の身体を回復させて徐々に動き出すまでの期間が必要です。父親に育休をとってもらい、少なくとも１か月間は家事・育児を頼みましょう。現在の家族の多くは、近隣に親戚がおらず孤立した核家族です。孤立した母親による子育てという昨今の問題を解消する第一歩は、父親やほかの家族が少なくとも生後１か月は、家事と育児を担うことです。民間のサービスや市町村のサポートも活用しましょう。

No.1

もっと知りたい！

育児学講座

人類はそもそも共同育児をする動物

人類の赤ちゃんはほ乳類の中でも無力な状態で産まれてくる

→ 一人で育てるのは不可能

母親は産後エストロゲンの急激な減少により強い孤独や不安を感じる

→ 本能的に「誰かの手助け」を促す

日本の共同育児の文化「床上げ」

【母親】 出産で弱った体を回復させるために、産後１か月程度は床について安静に過ごし、徐々に起きて生活し出す

【父親やほかの家族、周りの人たち】 育児や家事を行う

現代でも「床上げ」を行うために…

↓

家族以外のサービスの活用

- ベビーシッター
- 家事代行サービス
- 産後ドゥーラ
- 市町村が行う産後ケア

人類進化の過程で生まれた共同育児

まず、人類の赤ちゃんは、約６０００種に及ぶほ乳類の中で最も難産で、無力な状態で産まれます。何十万年もの人類の歴史を振り返ってみると、無力な赤ちゃんを外敵や危険から守って、安全に育てるために家を作り、その中で家族が一緒に生活するようになりました。手のかかる乳幼児を抱えて、母親一人で子育てするのはほとんど不可能でした。そのため、家族や集落の人々と共同で子育てする必要が生じたのです。

それが共同育児で、その性質は遺伝子に組み込まれている本能的なものです。人類は家族を作り、その中で父親らが継続的に子育てに深くかかわってきました。母親にとっては、父親をはじめとした家族が子どもの世話をしてくれて育児負担が少なくなり、子どもにとっても母親以外のいろいろな人に世話されることで社会性が育つという利点があります。

共同育児は、70種類以上のほ乳類、特にチンパンジーやゴリラなど高い知能と社会性をもつ霊長類で見られます。最近は「イクメン」という言葉が広まり、時代が変わったから父親も育児しなければといわれますが、実は20万年続く私たちの遠い祖先からの、本来の共同育児に戻るだけと考えるべきです。その仕組みは母親の遺伝子にも組み込まれています。産後に起こる「強い不安と孤独」は、女性ホルモンと呼ばれるエストロゲンの急激な減少によって生じます。「孤独や不安を感じることで、『ひとりじゃ育児できないから、みんなに手伝ってもらうんですよ』って促しているんだそう。（中略）そもそも誰かの手助けがないと育児できないようになっています。

また、愛着理論を作りあげたイギリスの精神医学者ボウルビィは、「乳幼児の世話をするのは一人で行う仕事ではないということも強調したい。子育てという仕事が首尾よくなされ、主たる養育者が疲れ果ててしまわないためには、その養育者には相当の協力が必要である。誰から手助けを得るかはさまざまである」[2]と論じています。父親や祖父母の手助けをもらえるよう、出産前からきちんと相談しておきましょう。

日本では「子育ては母親がするもの」という意識が強く、その意識が母親たちを苦しめ、育児不安をもたらしてきました。共同育児理論は、母親たちを救う科学的根拠となるでしょう。

「床上げ」習慣を取り戻そう

今日の日本では、仕事に追われる父親が不在の核家族家庭の中で、出産後の母親だけが家事・育児する負担はとても大きく、追い込まれて産後うつになったりします。なぜ、そのようなことが起

1 ＮＨＫスペシャル「ママたちが非常事態!?」取材班（監修）、ふじいまさこ（著）『ママは悪くない！子育ては〝科学の知恵〟でラクになる』主婦と生活社、43ページ、２０１６年

2 ボウルビィ・Ｊ（著）、二木 武（監訳）『母と子のアタッチメント 心の安全基地』医歯薬出版、３ページ、１９９３年（原著：１９８８年）

こってしまうのでしょうか。

日本の歴史をさかのぼると、産後１か月間の新生児期に母親一人が育児と家事を全部行わなければならないというような状況は、ここ数十年のことで、それ以前はなかったといわれます。それまでは多くの場合、里帰り出産をしたり、義母などほかの家族が家事をやってくれたりして、身体の調子が戻るまでの間、母親は赤ちゃんに添い寝して授乳だけをして過ごすことができました。産後１か月程度はそのように安静に過ごし、徐々に起きて生活し出すという「床上げ」の習慣で母体が守られて、出産でひどく弱った身体を回復できたのでした。

人間がそもそも共同育児をする動物である以上、かつての共同育児を行ってきた日本の育児文化「床上げ」は、現代においても必要です。孤立した核家族の中で、これからの父親は家事・育児を担うという本来の役割が求められるのです。または、ベビーシッターや家事代行サービス、そして出産後の母親の身体や心の回復、家事や育児のサポートを行う専門家である「産後ドゥーラ」など、産後の日常生活をサポートしてくれるサービスに頼りましょう。さらには、市町村が行う産後ケアを活用するのもよいでしょう。出産後に１週間ほど医療機関に宿泊する母子ショートステイや、助産師などの専門家による心身のケアや授乳ケア、育児支援などのサポートがあります。市町村のホームページなどには産後ケアに関する情報がまとめられているので、調べて活用してみましょう。とにかく、母親一人でがんばりすぎないことです。

No.2

「父親は仕事 母親は家庭」って本当？

育休を終えて仕事に復帰しようと思っていますが、**夫や両親から「しばらくは家で子育てに専念したらいいのに…」と言われます。早くから共働きをするのはよくないのでしょうか？**

答えます！

「父親は仕事 母親は家庭」は政府が作った家族のあり方

明治になると、明治民法の下に「家制度」が作られて、「男が偉い」という「家父長制」、つまり父親が母親を支配するという権力関係が生まれました。明治政府は、父親が家庭をかえりみずに労働者と兵士の役割を果たして富国強兵を進めるために、家事と育児を母親だけに押しつけたのです。そのときから、「父親は仕事 母親は家庭」という意識が作られました。つまり、政府が作った家庭のあり方なのです。

戦後、「家制度」は廃止されましたが、1960年代の高度経済成長期のはじめに政府が作った3歳児神話（138ページ参照）の影響もあって、「父親は仕事 母親は家庭」という意識が続いたのです。

やってみよう

育休制度を活用して、夫婦で協力できる体制をつくっていきましょう

現代では、父親の育児参加が欠かせません。父親は、母子が退院したその日から少なくとも産後1か月、可能ならば3か月は必ず育休をとりたいものです。育休期間に母親に代わって育児や家事をすることで、共働きになった際も育児や家事の分担がしやすくなります。近年は男性が育休を取得しやすくなるような制度もあるので、活用していきましょう。

No.2

もっと知りたい！

育児学講座

父親の育休取得を推進

産後パパ育休制度
（出生時育児休業制度）

育休の分割取得

妊娠期から準備！

会社と交渉

制度について勉強しておく

↓

父親が産褥期《さんじょくき》の母親を支える

家事

育児

母親も働いている！

父親		母親
家庭外で仕事 （有償労働）	＝	家庭内で仕事 （無償で家事・育児）

育休制度の発展

２０２４年現在、父親の育休取得率は前年より13ポイント増えたものの、約30％にすぎません。会社に申し出にくいとか、同僚に遠慮するとか、昇進に影響するからためらうといった理由があげられます。そうした現状を踏まえ、近年は、父親の育休取得を推進する制度が発展してきました。２０２２年10月から産後パパ育休制度（出生時育児休業制度）が始まり、子どもの出生後８週間以内に合計４週間まで、育休取得が可能になったのです。短期間の取得ができたり、分割で取得できたり、休業する時期を選びやすいことなどから、従来の育休制度よりも活用しやすいとされています。また、同じく２０２２年10月から、従来の育休制度でも分割取得が可能となっています。

育休取得の準備

出産直後から父親が育休に入れるように、妊娠中から父親には育休制度について勉強してもらい、勇気をもって会社の上司と交渉する準備を進めてもらいましょう。一方、母親に勇気をもってもらいたいのは、身近な誰かに助けを求めることです。父親がどうしても育児に加われないときは、夫婦の両親や親戚、友人に頼りましょう。ほかにも、「Ｎｏ．１ワンオペ育児でもう限界」（６ページ参照）で紹介したように、外部のサービスや市町村のサポートを活用しましょう。

　さて、父親の育休は決して休みではありません。母親に代わって家事・育児をするための期間です。出産後に母親が病院から帰宅したその日から共同育児を行なえるよう、妊娠時から準備をする必要があります。産後1か月までの母親は身体的・精神的に衰弱している産褥期で、全治1か月のけがや病気を療養する時期に相当しますので、誰かの手助けが不可欠です。その一番手は、やはり父親です。前述の「床上げ」の習慣のように、産後1か月は母親が床について授乳だけしていればいい状態になれるよう、父親が母親を支えるのです。

　もちろん、育休期間を過ぎても、家事と育児の負担を誰かが担わないといけません。父親には、育休中に家事と育児を体験してもらい、その後も継続的に買い物や食後の食器洗い、赤ちゃんのオムツ替えや入浴など、できる範囲でかかわってもらいましょう。

父親がベビーラップでお出かけ
（提供：株式会社オンフィリア）

父親も母親も働き者

赤ちゃんを育てる母親たちは、実は24時間365日働いています。家事・育児は立派な仕事です。

ですから、「父親は仕事、母親は家庭」は間違いで、正しくは、「父親は家庭外で仕事、母親は家庭内で仕事」なのです。父親が家庭外でするのは有償労働、家庭内で母親が行う家事や育児は無償労働で、給料の有無の違いだけです。さらに、家事と育児の仕事には労働基準法などなく、一日24時間勤務で年中無休です。共働き家庭では、父親も母親も家庭の内と外で働くことになります。

この育児・家事という無償労働を他人にしてもらうと、家事労働は月給約23万円、育児を合わせると約50万円になるともいわれています。母親が家庭でこなしている仕事は、それだけの値打ちがあるのだという事実を家族で共有しましょう。

ＯＥＣＤ（経済協力開発機構）が２０２０年にまとめた生活時間の国際比較を見ると、日本の父親の無償労働時間はかなり少なく、先進国の中で日本の特異性が浮き彫りになります。これも「父親は仕事、母親は家庭」という意識がもたらした残念な結果といえます。そして、その背景には、父親が家事・育児をしたくてもできない事情があるのです。日本の父親は仕事の時間と通勤時間が他の先進諸国に比べても長く、父親が家事・育児の時間を増やすためには、自由時間と睡眠時間を削るしかありません。残念ながら、父親が自分の努力で家事・育児の時間を作り出すのは、とても厳しい状況なのです。

勤務先が働き方を変えるには、企業の努力と企業を指導する日本政府のリーダーシップが必要です。欧米の先進国では、日本よりかなり労働時間が短く効率がよいのです。その改革を、国際的な競争力がある日本の企業でできないはずありません。

No.3

それでも夫にイライラしてしまう

帰りが遅かったり、のんきにくつろいでいるのを見たり、替えてもらったオムツがずれていたり…

夫の様子にイラッとしてしまいます。

家事・育児を協力してもらっているから感謝しようと思うのですが、ついしかめっつらで嫌味を言ったり、ため息をついたりしてしまいます。

答えます！

イライラする自分を責めず、夫には完璧を求めずにいましょう

イライラは、育児に一生懸命向き合っている証拠です。イライラする自分を責めないようにしましょう。先の項目でも触れていますが、産後はエストロゲンというホルモンの減少によって、不安になったり、生活をともにする夫や両親などにイラッとすることは誰にでもあります。あまり続くようであれば、リラックス法や、切り替える方法などを生活の中に取り入れてみましょう。

また、夫に完璧を求めすぎているということもあるかもしれません。「私の育児を手伝ってもらっている」（完璧に理想通りにしてもらう）から「育児を一緒にしている」（できることを分担している）意識にマインドチェンジしていきましょう。

やってみよう

ため息やイライラをポジティブに変換しましょう

ため息を２、３回繰り返すと、心が静まる深呼吸になります。ため息を悲観的にとらえず、楽観的に「あっ、私、またため息ついて深呼吸しているわ」というくらいの見方にしていきましょう。夫へのため息も、少し深呼吸することで「ちょっと物足りないところもあるけれど、一緒に育児してくれてありがとう」という一言に変えていくのです。

さらに、イライラしてしまうことは誰かに話してみましょう。イライラが笑いと感謝に変わっていきます。

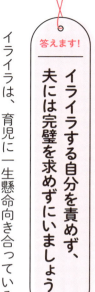

教えて！

先輩ママの体験談

イライラしないコツ

してくれたことには
「ありがとう」と
言ってみる！

「おもしろいこと、
聞いて、聞いて…」
つらさも笑い話に！

できることをやって、
がんばりを
ほめ合う！

先輩ママMさんからのアドバイス

◆イライラを笑いにしよう！

夫にイラッとするのは、家事を自分ばかりしているときですかね？　そういうときってイラッとするのよね！

私の場合は、夫に完璧さや理想を求めるのはやめて、夫を育てる意識に変えて取り組みました。夫を自分とは違う生き物として、わが子とも違う生き物として、夫に少しずつできることからしてもらいました。そして、ちょっとしてくれたことにも、「ありがとう」って言葉で伝えるようにしました。そうすると、夫からも「ありがとう」という声が聞こえるようになっていきました。不思議ですが、ため息を「ありがとう」に変えると、みんなが優しくなれるのです。今は父親育てに成功して、最近全然イラッとしなくなり、仲良しですよ！「ありがとう」の言葉は、言われた人も気持ちよく落ち着きますし、言う人も楽になって落ち着きます。

そして、夫の子育てぶりを笑い話にして、友だちや兄弟姉妹、両親、ママ友などに話すのもよいでしょう。聞いてくれるだけでなく、みなさん、逆に「旦那さん、育児をがんばっているんだね」「すごーい、ほめてほめての夫育てだね」と励まされます。夫育てをしている私がほめられているように感じます。つらさも含めて、うれしさや喜びを吐き出すことは大事なのです。楽しいですよ。

◆期待しすぎないのも大事

私の場合は、小さいことから手伝ってもらって（ちょっと抱っこしていてもらう、ミルクを飲ませてもらう、ゲップするように縦抱きしてもらうなど）、できたときに、とにかくほめてほめて、夫を育てました。「パパの抱っこ気持ちいいね。うれしいね」「パパすごい！」「パパの抱っこだとすぐゲップ出たね」などなど。

そして、大事なのは、夫に期待しすぎないことです。期待しすぎると、期待に応えてもらえないときに落ち込んだり、イラッとしてしまいます。期待せずに構えていると、少しでもできたときに、「うれしい」「ありがとう」とプラスにとらえられるのです。これが共同育児の喜びでもあります。

だから、夫にしてもらっていることで、助かっていることをメインでしてもらいましょう。よいところを発揮し合って、育児を楽にしましょう。人は誰でも得手不得手があるし、心に余裕がないときは誰にでもあるので、できないことを責めずに、頑張ったことをほめ合いましょう。

そして、母親も父親もそれぞれに安らぐ時間を取って、ゆっくり過ごしましょう。時には、ボーッとしたり、友だちと優雅にお茶をしたり、本を読んだりなどしてよいのです。母親も父親も自由時

ママ友たちとランチやお茶タイムをしながら、笑い話に

間をもちましょうね。何よりも、母親も父親も、それぞれの生活リズム（睡眠、食事等）を整えて過ごすことが大事です。

◆嫌味や文句をアドバイスに変換する

「あー、またオムツがずれている」「もう、背中のさすり方が強いわ」「のんきにテレビ見ていないでよ」など、夫に嫌味や文句を言いたくなるときは、ひと呼吸をおき、「太ももとオムツの間に人差し指を入れて、ずれていないか確かめるとバッチリだよ」「パパの大きい手でゆっくりとさすってあげると気持ちいいみたいだよ」「お互いにくつろぎタイムを大事にしようね」など、アドバイスに置き換えて、夫のよきアドバイザーになるとよいでしょう。冷静なアドバイスで、母親の技を発揮してみましょう。

No. 4

自分の時間がない

赤ちゃんの生活に合わせた一日を過ごしていると、毎日があっという間です。ふと鏡を見たときに、メイクもせず、髪の毛のお手入れもできず、赤ちゃんに尽くしていることに気づきます。

1日、1週間、1か月…と常に赤ちゃん基準のスケジュールで過ごしていて、自分の時間をもてません…。

答えます!

赤ちゃんに振り回されずに、待つことを知らせましょう

毎日、赤ちゃんの成長を感じながら過ごせることは幸せなことですね。赤ちゃんに寄り添うことは大事ですが、母親は、母親であると同時に一人の人間です。自分の時間を大切にするために、赤ちゃんに「待つ」ことを知らせていきましょう。

まずは、一日の流れを母親中心の内容に変えてみることです。赤ちゃんの生活に振り回されずに、母親の生活リズムの中に赤ちゃんのプログラムを取り入れるような感覚で過ごすとよいでしょう。

例えば、お化粧の時間を優先し「ママは今からお化粧をします。〇〇ちゃん、待っててね」と言い、その場を離れ「お化粧中ですよ」と声を届けながら、赤ちゃんに「待つ」楽しさを知らせ、母親自身が「待たせる」ことに期待していきましょう。

やってみよう

「わたし」という一人称で向き合いましょう

母親は、なるべく（時々でもいいので）赤ちゃんに一人称（自分軸）で向き合いましょう。つまり、「わたし」（母親）を主語にするのです。「わたし」（母親）と「あなた」（赤ちゃん）の関係で語り合い、生活してみましょう。「わたし」が生活する時間を確保し、お茶タイムやエクササイズタイム、読書タイムなどを取り入れて、「わたし」の生活を楽しむのです。赤ちゃんにすぐ応じることを休み、時には「待つ」ことを知らせましょう。

No.4

もっと知りたい！

育児学講座

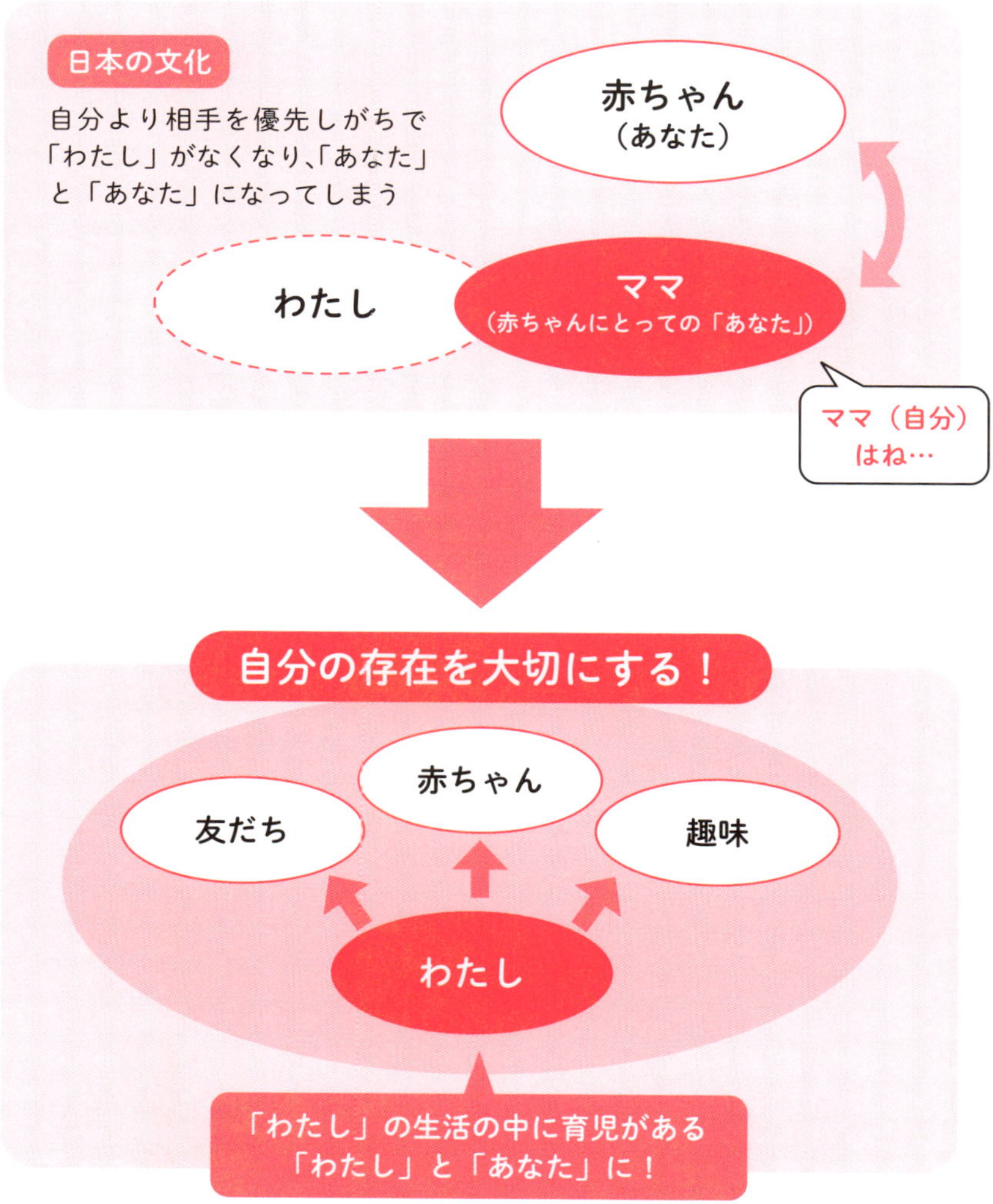

母親も父親も、一人の個人です

「日本人の人間関係には『わたし』がいない」[1]ということがいわれます。自分より相手を優先する「あなた（相手）」と「あなた（相手にとっての自分）」になっているようです。育児においてもこのようになりがちです。育児をしている母親や父親は、日々赤ちゃんが主体の生活をし、自分たちのことを「ママはね」「パパはね」というように、赤ちゃんにとっての「あなた」（ママ・パパ）として振る舞う特徴があります。相手の立場を重んじる日本の文化、風土の特徴といえます。

このように相手を大事にする（相手に寄り添う）ことは、母と子、父と子などの信頼関係においてとても大事な向き合い方ですが、気づくとすべて相手を優先し、自分の存在をなくしてしまうことがあります。育児において自分の存在を大切にする姿勢をなくしてしまうと、すべてが育児に尽くす赤ちゃんの時間となってしまいます。育児をしているのは、「わたし」（母親・父親）です。自分の時間であることを自覚しましょう。

「今日、私は、午前中は〇〇をし、午後は〇〇…」というように、「わたし」の生活の時間に育児があるととらえ、「わたし」の自由時間を確保してみましょう。

1　辻 直人・熊田凡子『道徳教育の理論と指導法 幼児期から中学校期まで』ヴェリタス書房、38ページ、２０１８年

フランスの母親たちの自由時間

ここで、フランス人の母親の子育て観を紹介しましょう。

個人主義を重んじるフランス人の母親は、子ども（子育て）に振り回されません。母親は自由時間を保ち、母親の人生（自由）、赤ちゃんの人生（自由）、それぞれの人生（自由）を尊重しています。ですから子育てをしながら、友だちとの時間、ショッピング、ランチ、読書、スポーツ、小旅行など、自由時間（余暇）を作ります。このような時間に対して、フランスの母親たちは「罪悪感」がないわけではありませんが、「完全な母親なんかいない」「オフのときはオフ」[2]と割り切り、育児を含めた母親の時間を楽しむのです。

このようなフランスの母親たちは、「子どもは人格をもった一人の市民」として向き合い、子育て中だからといって、子どものために大人が我慢したり、犠牲になったりすることを好みません。大人の時間も大切にし、大人も子どもも、ともに幸せであることが当然だと考えています。このような考え方も参考にし、母親の自由時間を確保していきたいですね。

2　ドラッカーマン・P（著）、鳥取絹子（訳）『フランス人は子どもにふりまわされない 心穏やかに子育てするための100の秘密』ＣＣＣメディアハウス、133ページ、２０１５年（原著：２０１３年）

＼ 教えて！ ／

先輩ママの体験談

夫や周りの協力で「私の自由時間」を

子どもを夫や祖父母たちに預けるときには、相手のスケジュールもあると思うので都合のよい日を事前に聞いてから予定を組んでいます！ これは重要です。

子どもを預けたあとは、もうひたすら「ありがとう」の繰り返しです‼ 感謝の言葉を伝えたり、お礼にケーキを作ってあげたりしています。

育児や家事を分担している中で、どんなことも当たり前なんて思わないで、「ありがとう」「助かった～」と伝えるのです。すると夫から「また頼ってね」と言ってもらえますよ。

写真は、ランチをしながらママたちの時間を楽しんだときのものです。赤ちゃんの遊べるスペースがあるカフェや子育てルームを有意義に使っています！

ママたちの時間を楽しむ

No.5

一日中抱っこしていてつらい

生後2か月の息子は3時間おきに泣いて私を呼ぶので、そのたびに抱っこしています。私はまとまって寝る時間がとれず、睡眠不足でつらくて家事もできない状態です。腕が痛くなり、肩こりもひどくなりました。でも、抱っこしないと赤ちゃんの成長に悪影響があると聞くので、抱っこせずにいられません。**いったい一日何時間抱っこすればよいのでしょうか…。**

答えます！

親子が分離する時間も大切

人間の赤ちゃんは、一日中抱っこしなくても生きていける存在です。進化の過程でそのようにできあがっているのです。筆者（金子）らの新生児の研究でも、抱いている時間は24時間中平均7時間程度だとわかりました。個人差が大きく何時間抱っこすればよいとは言えませんが、私たちが考えているよりは短くてよいようです。

母親と分離している時間のほうが長いのが、人間の赤ちゃんの一日です。離れているときは、母親は家事や兄姉のお世話ができます。また、時には自分のために時間を使って、心身ともにリフレッシュするのです。その間、赤ちゃんは一人遊びしていろいろ学んでいくのです。抱っこするのも離れるのも、どちらも大切です。

やってみよう

抱っこ以外の形でもかかわりましょう

赤ちゃんが泣いて母親を呼んでも、すぐに抱っこするのではなく、笑いかけたり、お腹をトントン叩いたりしてみましょう。また、添い寝すると落ち着く場合もあります。

赤ちゃんにとって、ベッドで一人で安らかに眠る時間や、一人で自分の手足やおもちゃで遊ぶ時間もなくてはなりません。起きたときに母親の姿が見えるようにして、母親から離された赤ちゃんが安心して周囲を見回したり、おもちゃを持って遊べるような環境を整えてあげて、一人で遊ぶ時間を作ってあげましょう。

No.5

もっと知りたい！

育児学講座

赤ちゃんは抱っこされる性質をもって生まれてくる

手指と足指の把握反射

開脚屈曲姿勢

↓

人間ならではの性質

直立二足歩行に進化することで
自分から抱きつけなくなる

↓

母親だけでなくみんなで
交代で抱っこして
育てることができる

「抱っこ」⇔「分離」を繰り返す

筆者の一日の抱っこ時間に関する研究

☑平均は7時間程度　☑長くても10時間半程度

赤ちゃんは抱っこされるように産まれてくる

人類の新生児は、霊長類に共通する、親に抱っこされる特徴をもって産まれてきます。親は両腕で抱きあげて授乳しますし、乳児は親に抱かれやすい姿勢をとって抱かれると安心する性質をもっているので、双方が抱く・抱かれる能力を授かっているといえます。

赤ちゃんが親に抱っこされるように産まれてくる特徴として、手指と足指の把握反射（新生児の手のひらや足の裏に指で刺激を与えると握り返してくる行動）、開脚屈曲姿勢（骨盤と大腿筋をつなぐじん帯が強力なので足を広げて曲げた姿勢を楽にとることができ、4本の手足で養育者に抱きつく姿勢をとるという霊長類に共通する特徴）などがあります。こうした特徴は、人類が何十万年もの進化の過程で獲得した、親に抱っこされる性質なのです。ただし、霊長類の中でも人類の赤ちゃんだけは、直立二足歩行への進化によって足で抱きつけなくなりましたが、現在でも、チンパンジーなどの霊長類と同じく開脚屈曲姿勢をとって、親に抱きつこうとするのです。

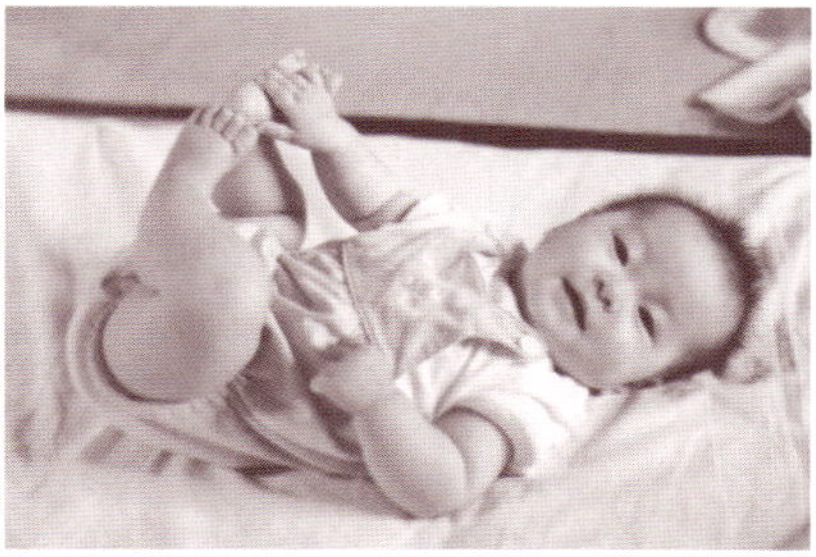

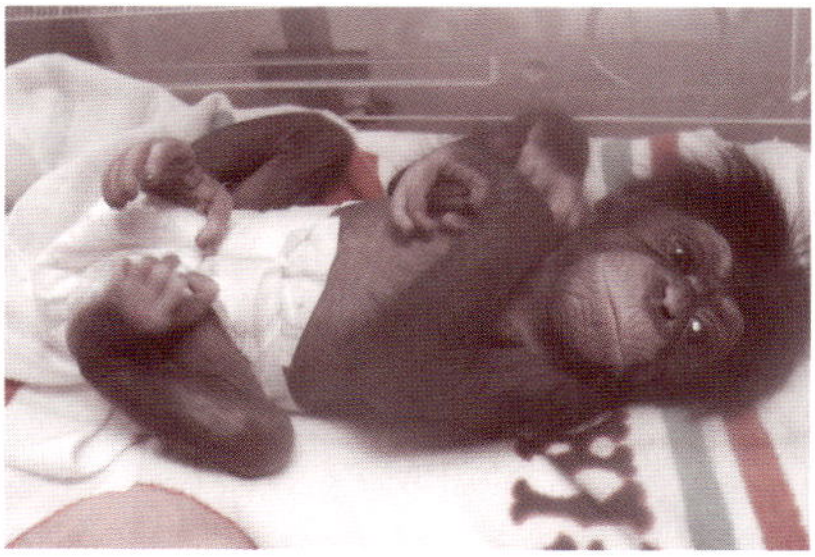

左：開脚屈曲姿勢をとる赤ちゃん　右：人工保育中のチンパンジー（提供：日立市かみね動物園）

筆者（金子）は、抱っこに関するこの特徴が、ほ乳類である人類の赤ちゃんにとって欠かせない「授乳」と並んで、霊長類である人類に不可欠だとして、「授抱」という言葉を当てはめました。さらに、直立二足歩行への進化によって母親に抱きつけなくなり、母親が抱かなければ離されてしまうという、ほかの霊長類と大きく異なる特殊な分離的育児を行う人間の「抱いては離し、離しては抱く」様式を、「断続授抱性」という用語で示しました[1]。ほかの霊長類のように母親が赤ちゃんにずっと抱きつかれているのではなく、人類だけは、抱っこしては離し、離しては抱っこするという独特のパターンを示します（下図）[2]。赤ちゃんが自分から母親に抱きつ

1 金子龍太郎「ポルトマン（Portmann）以降の諸知見に基づく子ども観『断続授抱性』の提唱——子ども理解と育児・保育の新たな視点」『子ども学』第5号、250ページ、2017年

2 金子龍太郎・園田正世「母子間「抱き」の24時間記録——母親の育児負担の軽減をめざしたライフログデータの分析」『龍谷大学国際社会文化研究所紀要』第22号、49ページ、2020年

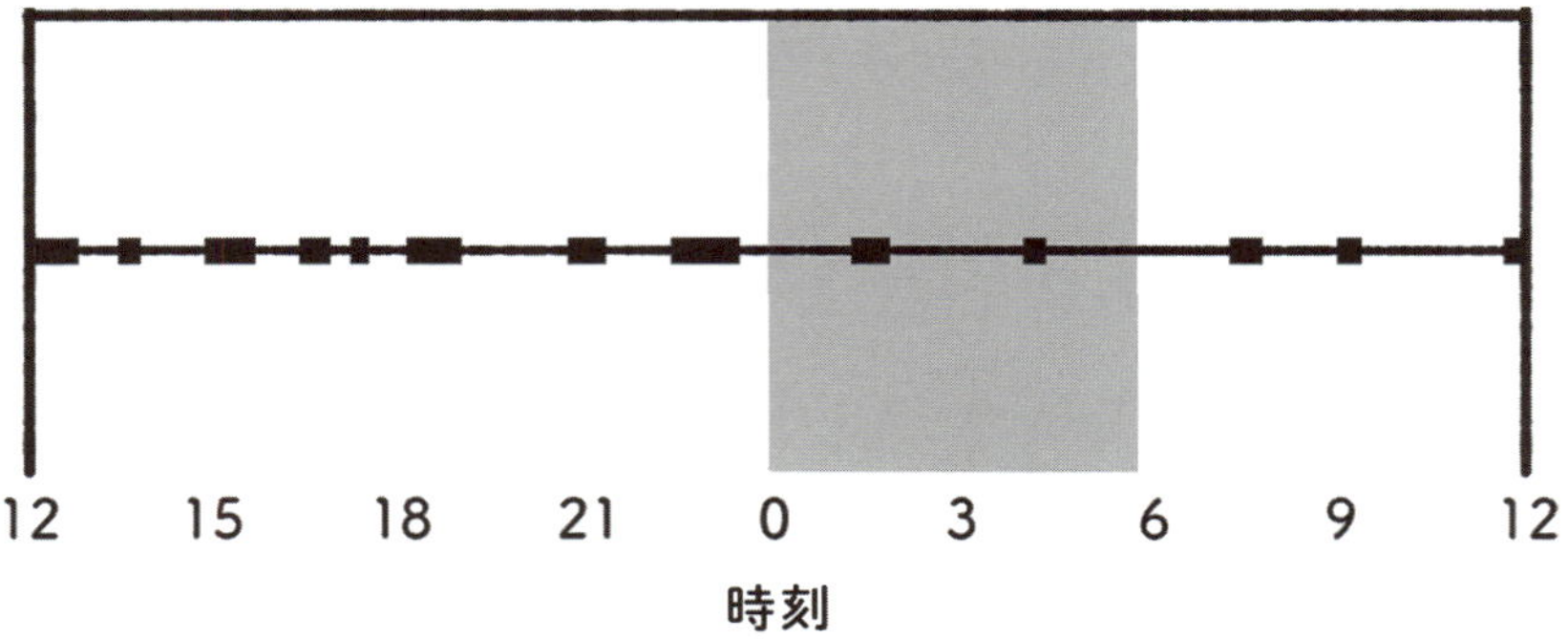

（図）ある新生児の24時間における抱っこの記録
＊黒い棒が抱っこしている時間（計4時間55分）　＊網かけは夜間を示す

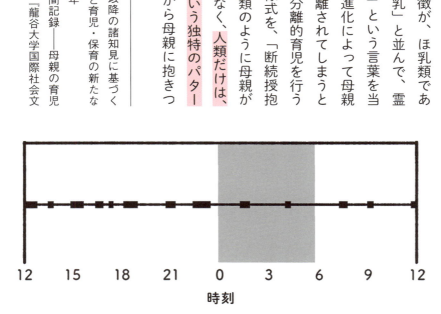

けない代わりに、母親だけでなくほかの多くの人たちによっても抱っこされて育てられるという、共同育児を可能にする性質でもあるのです。

抱っこの時間は個人差が大きい

筆者（金子）らが20組の母子を対象に、24時間における抱っこの時間を調べた研究によると、一番短い母子が3時間14分、一番長い母子が10時間25分と、個人差が大きいことがわかりました。平均時間は6時間50分でした。

これまで、母親が24時間のうち何時間抱っこしているかを客観的に記録した研究はありませんでした。20組の調査結果から、24時間のうち、赤ちゃんと離れている時間のほうが長いことが改めてわかりました。先輩ママたちは、一日中抱っこをしていたわけではなかったのです。

こうした私たちの研究を、ぜひ参考にしていただければと思います。１日のうち7時間抱くのが平均的で、あとは、親の体調や赤ちゃんの個性、あるいは夫婦の状況で変わりますが、母親が抱っこするのは長くてもせいぜい10時間半程度と考えてよいでしょう。この数字が目安になりますが、家庭によって、赤ちゃんの個性によって、大きく違うことを忘れないでください。平均的な数字は、一人ひとりの赤ちゃんには当てはまらないのです。

No.6 抱き癖がついたらどうしよう

母や義母、その世代の女性から、

「そんなに抱っこしてると抱き癖がついて大変になるわよ」

と言われましたが、ネット情報を見ると
「乳幼児期の抱っこは母親の愛情表現ですから、抱き癖を恐れずにできるだけ抱っこしましょう」

と書いてあります。どちらを信じればよいのでしょうか？

答えます！

抱き癖はワンオペ育児なら要注意

現在では「抱き癖を気にせず、たくさん抱っこしてあげましょう」という意見が主流ですが、「抱き癖はつくが、それを気にするか受け入れるかは各家庭の状況による」と考えたほうがよいかもしれません。複数の家族がいて、みんなでいくらでも抱っこできる状況にあれば抱き癖を気にしなくてもよいのですが、一人で育児をしている母親の場合、抱き癖がつくと疲れ果ててしまうため、泣いてもすぐに抱っこしないように心がけましょう。

また、母親は父親に比べて筋力が弱いので、赤ちゃんの抱っこが多いと腱鞘炎になったり、肩こりがひどくなり、育児のつらさが増してしまいます。

やってみよう

抱っこ以外の方法であやしてみましょう

赤ちゃんの個性にもよりますが、泣いても数分間は抱かずに声をかけたり、近寄ってトントンしたり、抱っこ以外の方法であやしてみましょう。時には母親の都合を優先して、赤ちゃんに我慢を覚えてもらうのも、立派なしつけです。また、抱っこだけが愛情表現ではありません。抱っこしない状態で一緒に遊んだり、赤ちゃんだけで遊ぶ時間を作るのも母親の愛情です。さらに、抱っこひもなどの育児用品を使って、母親の身体の負担を減らしましょう。

No.6

もっと知りたい！

育児学講座

抱っこする時間	離れる時間
・親子の距離が縮まる ・赤ちゃんの合図に応えることができる	一緒に遊んだり一人で遊んだりすることで、感覚運動の発達が進む

どちらも大切！

複数人で協力できる場合

抱き癖を気にせずに交代で抱っこすればOK

ワンオペ育児の場合

疲れないように、抱っこの時間と離れる時間のバランスをとる

身体の負担を減らすために育児用品の活用も！

抱っこする時間も離れる時間も両方大切

抱き癖は、「いつも抱いてあやされている乳児につく、抱かないと泣きやまない、あるいは眠りつかない習癖」[1]のことで、日本社会に認められた用語となっています。抱っこしなければ赤ちゃんが泣きやまなくなって、母親の身体的負担はとても大きくなります。

抱き癖との付き合い方については、さまざまな指摘がされています。

核家族家庭では、赤ちゃんを抱いてばかりになると、母親は家の仕事ができなくなります。そのようなときは、泣いている赤ちゃんを抱きあげずに、そのままにしておくと、4~5分泣いて泣きやむ子もいるといわれます。しかし、同時に、「抱きぐせは悪であるという思想で、授乳のとき以外は、赤ちゃんを絶対に抱いてやらないというのは、まちがいだ。泣くことは赤ちゃんの唯一のコミュニケーションの手段だ。これが無視されるとなると、赤ちゃんは合図としてではなく、怒りとして泣くようになる」[2]ともいわれています。赤ちゃんの性格による違いがあることを踏まえたうえで、「人手のある家庭で、『抱きぐせ』がついても、おかあさんは心配しないでよろしい」[3]と助言がされています。

1　新村 出（編）、『広辞苑 第六版』岩波書店、１７１４ページ、２００８年
2　松田道雄『定本 育児の百科』岩波書店、129ページ、１９９９年
3　松田道雄『日本式育児法』講談社、60ページ、１９６４年

また、「抱き癖をつけると、子どもは『母親は自分の思い通りになる人だ』と認識し、駄々《だだ》っ子になるばかりではなく、自立心も育ちません」[4]とアドバイスする研究者もいます。

ほかにも、「人間の場合、親が抱けば距離が縮まり、離せば広がります。つまり、『抱く』行為と『離す』行為、どちらにも育児上の重要な意味があるのです」[5]との指摘もあります。

これらの言説から考えると、赤ちゃんには、抱っこされる時間と親から離れて一人で遊ぶ時間の両方が欠かせません。決して、抱っこだけをすればいいわけではないのです。あえて離れて、赤ちゃんが一人遊びできるように働きかけることも重要です。身体を動かしたり、おもちゃを使ったりして遊ぶことで、手指が器用になり、言葉を話す前に、五感と運動を通して周りの環境を知っていくという感覚運動の発達が進みます。

抱っこ以外でも愛情表現はできる

また、抱っこだけが愛情表現ではありません。手と手を触れ合ったり、赤ちゃんの身体をさすったりするスキンシップや、添い寝したりするのも愛情の表現ですし、赤ちゃんを下に降ろして一緒

4 田中喜美子『母子密着と育児障害』講談社、58ページ、2004年
5 小西行郎『赤ちゃんと脳科学』集英社、169ページ、2003年

に遊んだり、一人だけで遊ぶ時間を作るのも母親の愛情なのです。

育児用品を活用しよう

抱っこによって腰痛や腱鞘炎になってしまうなど母親に過大な負担がかかっている場合は、抱っこひもやスリングなどの育児用品を活用しましょう。

現在では、新生児でも使える抱っこひもやスリングがあります。抱っこひもを使うと赤ちゃんと母親の身体が密着するので、母親の疲れを軽くすることができます。その際、首を支えてあげて使うことがポイントです。また、スリングの形状は、くるまれている感じが赤ちゃんにとって胎内にいるように心地よくて落ち着くので、泣きやむことに効果のある方法といえます。

結論としては、「抱き癖を気にせずにいくらでも抱っこしましょう」ではなく、「抱き癖はつくので、それを気にするか受け入れるかは、各家庭の状況によって考える必要がある」ととらえるべきではないでしょうか。抱っこと分離のバランスが大切です。

母や義母など、周りの女性から「そんなに抱いていると抱き癖がついて大変よ」と言われても気にしすぎないで、母親の判断で子育てしていけばよいのです。

No. 7

細切れ睡眠に耐えられない

生後1か月のわが子は3～4時間ごとに夜泣きをして、
そのたびに授乳やオムツ替えをしていて、
何をしてもおさまりません。
まとまった睡眠がとれずに、
もうフラフラです。
でも、授乳はほかの家族に頼めないし…。

答えます！

赤ちゃんの睡眠リズムに合わせて、家族で協力しましょう

新生児期の一日の生活の特徴は、睡眠ー覚醒と授乳の繰り返しが昼夜の区別なく続くことです。さらには排泄もあり、授乳やオムツ替えのために母親は起きざるを得ません。

ここには、睡眠ー覚醒や授乳間隔を調整する「ウルトラディアンリズム」（3～4時間おきに繰り返される生理的変動で、遺伝子に組み込まれた生体リズム）の存在があります。これは進化の過程で獲得した遺伝的な性質で、親が変えたりなくしたりできません。そのため、母親一人で夜間の授乳やオムツ交換をしていたら、細切れ睡眠になってしまいます。ウルトラディアンリズムを把握したうえで家族で協力して夜間の育児を担い、母親の睡眠を確保しましょう。

やってみよう

粉ミルク等を活用して交代で授乳しましょう

例えば、母親が23時頃に授乳した後に、母親には寝てもらいます。そして、父親が、母親が寝た後に粉ミルクや冷凍母乳を使って、午前１時半頃の授乳を担当するのです。こうすれば、母親は次に赤ちゃんが起きる午前４時頃まで、約５時間寝ることができます。父親は午前２時に寝て午前７時に起きれば、お互いに５時間の睡眠を確保できるのです。

このように母親以外の誰かが交代で授乳に参加することで、母親の睡眠不足を解消しましょう。

No.7

もっと知りたい!

育児学講座

大人と赤ちゃんでは睡眠パターンが異なる

赤ちゃん	ウルトラディアンリズム	3〜4時間周期
大人	サーカディアンリズム	約24時間周期

母親の負担を減らすには…

父親やほかの家族と交代で対応する

赤ちゃんが自分で眠りにつけるように
「ねんねトレーニング」

新生児の細切れ睡眠は生理現象

筆者（金子）らは、新生児を育てている20人の母親にお願いして、24時間の抱っこの様子を記録してもらいました。その中で、一組の母子の記録を図に示しました[1]（34ページ参照）。このように、抱っこは24時間を通じて短時間で断続的に生じていて、母親は23時頃の抱っこの後、午前1時半頃にも抱っこしていて2時間しか寝れず、その後も午前4時過ぎに授乳・抱っこのために起きないといけないのです。このような日々が続き、母親の睡眠不足と疲労は蓄積していきます。

ウルトラディアンリズムという遺伝子に組み込まれた赤ちゃんの睡眠リズムは、生理現象なので変えたりなくしたりできません。生後1年ほどで、サーカディアンリズム（約24時間周期で繰り返される生理的変動）が確立され、夜にまとまった時間眠れるようになります。それまでは、母親の細切れ睡眠を解消するには、父親をはじめとした周囲の人たちが加わって共同育児をするしかないのです。

新生児期には3〜4時間ごとに起きる赤ちゃんに、母親は授乳したり、寝かしつけたりという世話をしなくてはなりません。そうして毎日、細切れの睡眠がいつ終わるともしれない日々の中で、

1　金子龍太郎・園田正世「母子間「抱き」の24時間記録――母親の育児負担の軽減をめざしたライフログデータの分析」『龍谷大学国際社会文化研究所紀要』第22号、49ページ、２０２０年

母親は疲れ果てて、うつ状態や育児ノイローゼになる人が少なくありません。なかでも、よく泣く赤ちゃんだと起きている間じゅう抱っこしなくてはならないので、母親の中には髪もとけず歯も磨けず、お化粧さえ何日もできない人がいるのです。

大人は、24時間の中で1回寝て1回起きるというサーカディアンリズムの睡眠パターンが確立されているため、赤ちゃんの睡眠パターンとは異なります(下図参照)。ですから、赤ちゃんのリズムに合わせて生活していれば、母親の身体に無理が生じて、体調を崩してしまうのです。

人類の進化の過程で、赤ちゃんは母親だけでは育児ができない特徴をもって生まれてきます。睡眠パターンにもその特徴が見られるのです。

母親がまとまって眠れるために

新生児期に夜間まとまって眠れないという母親の細切れ睡眠を解決する方法は、母親が連続した睡眠時間を確

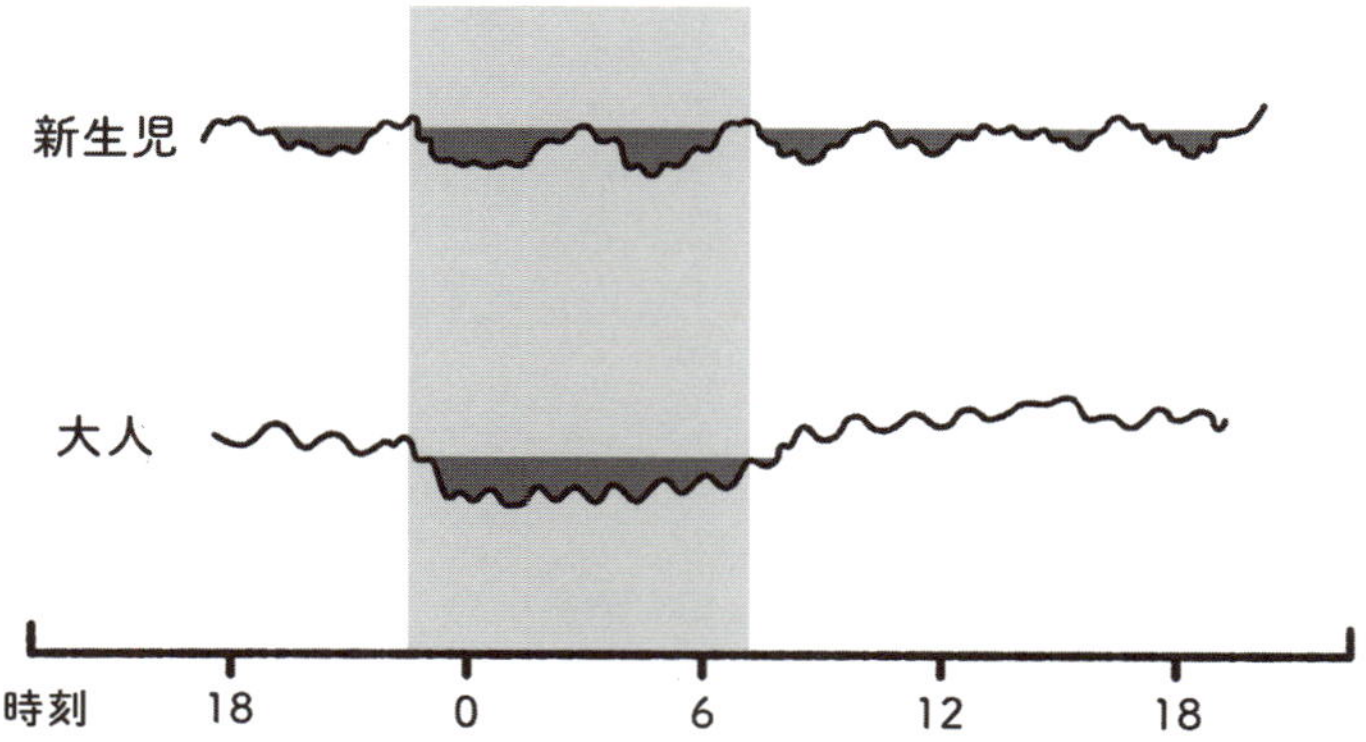

（図）新生児と大人の睡眠パターンの違い

＊黒くへこんだ部分が睡眠時間。新生児は３～４時間おきにウルトラディアンリズムの睡眠－覚醒を繰り返すが、大人は１回寝て１回起きるというサーカディアンリズムのパターン

保するしかありません。そのためには、粉ミルクや冷凍母乳などを活用して、父親をはじめとする周囲の人が協力する必要があるのです。

また、母親にとって負担が少なく、かつ赤ちゃんもぐっすり眠れる寝つきの方法を、赤ちゃんに教えてあげることも有効です。まず、赤ちゃんが夜中に泣いても、すぐ抱っこや授乳するのではなく、まず数十秒〜数分待ちます。それでも泣いていたら、声かけをしてみる→トントンしてみる→抱っこしてみる→最後は授乳、のように、だんだんと寝かしつけのサポートを増やしていくことで、赤ちゃんが一人で眠れる練習をします。いわゆる「ねんねトレーニング（通称ねんトレ）」です。

ただし、赤ちゃんが3〜4時間寝た後に起きた場合、もっと寝かせようとしても無理です。ウルトラディアンリズムがあるので、1〜2時間起きていないと次の眠気はやってきません。赤ちゃんにとって起きている時間は、親とかかわったり、部屋の中を眺めたりして、いろいろな学びをしている大切な時間だということを忘れないでください。

No.8

泣きやまなくて大変

5か月頃から夜に泣くようになり、あやしてもおさまりません。泣きやまそうと2時間ずつ交代で抱っこしても泣きやまず、私も夫も寝不足です。日中もギャンギャンと泣くので、電車に乗っているときなどは、周囲の人たちの冷たい視線がささります。

答えます！

「泣きは一時期のコミュニケーション」と受け入れましょう

赤ちゃんの泣く行為は遺伝子に組み込まれた本能的なもので、なくせません。泣きはコミュニケーションですから、どうして泣いているのかを推測して、対応するしかありません。泣く理由は、お腹がすいた、眠たい、甘えたい、オムツが汚れている、どこかが痛い、ゲップが出ないなどが考えられます。

親が泣いている赤ちゃんを抱きあげて、安心感を与えることで愛着が育っていきます。赤ちゃんが泣きたい気持ちを、親が受け入れてください。成長のある時期に、がんこな夜泣きをするというのは、赤ちゃんの一時的な特徴ですから、成長という自然の過程でおさまるまで待ちましょう。

やってみよう

泣きに慣れましょう

赤ちゃんは泣くことでしか要求を伝えられませんから、泣くのをやめさせることはできません。

そこで大切なのは、母親が泣きに慣れることです。少々の泣きでは動じないで、母親のペースで日々過ごしましょう。また、抱っこひもやスリングなどの育児用品を活用しましょう。

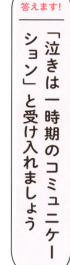

No.8

もっと知りたい！

育児学講座

泣きへの対応

泣いたらすぐ抱くのではなく、赤ちゃんが何を訴えて泣いているのかを見極めることが大切です。しばらく育てていると、泣き方の違いで、お腹がすいたのか、眠たいのか、オムツが濡れているのかが、わかるようになります。そして、オムツが濡れて泣いているならば、オムツを替えてあげるなど、泣いている理由に合わせて対応することができます。

また、ある小児科医は次のように教えてくれます。「夜泣きというのは、夢でおびえるのですから、神経の鋭い子によくおこる現象です。そういう子は、夜泣きするだけでなく、昼間も、すこしのことで怒ってよく泣くものです」[1]。そういう赤ちゃんの場合は、戸外に連れて出るとよいでしょう。外気や日光という自然現象に触れることで、赤ちゃんの新陳代謝が適当に刺激され、全身が爽快になります。加えて、戸外の運動で疲れが生じ、夜の眠りが深くなります。

このように、夜泣きは仕方ない点もあるので、あまりむきにならず、「まあいいか」と受け取って、深呼吸しながら、わが子がどのように抱かれるのが好きか、どのような環境が心地よいかなどを感じ合いましょう。赤ちゃんは、心地よくない、気になる、何かほしいなど、何ともならない気持ちを泣いて知らせるのです。そのような感覚は、私たち大人にもあります。父親と母親が交代でリズ

1　松田道雄『日本式育児法』講談社、146ページ、1964年

ムよくトントンしながら、夜泣きへの対応を上達させていきましょう。一人では何もできない赤ちゃんが、親を呼ぶために本能的に泣くのですから、泣くのは母親のせいではありません。泣かせないようにすることなどできないのです。

「泣く子は育つ」の正しい解釈

古くから伝わる「泣く子は育つ」ということわざは、間違った解釈がされていました。つまり、「泣く子は育つのだから、泣く子を抱いたりせず、そのまま泣かせていれば丈夫な子どもに育つ」という説明がされ、抱っこをしない育児が主張された時代があったのです。

しかし、その解釈は間違っていました。「泣く子は育つ」の元々の意味は、「産まれたときに大きな声で元気よく泣く赤ちゃんは健康に産まれた証拠で順調に育つけれども、産声をあげない赤ちゃんは弱くて育てにくい」というものだったのです。

正しくは、「泣く子を抱くから育つ」です。泣くという赤ちゃんのコミュニケーションに応じて、抱き上げたりお乳を与えるから、赤ちゃ

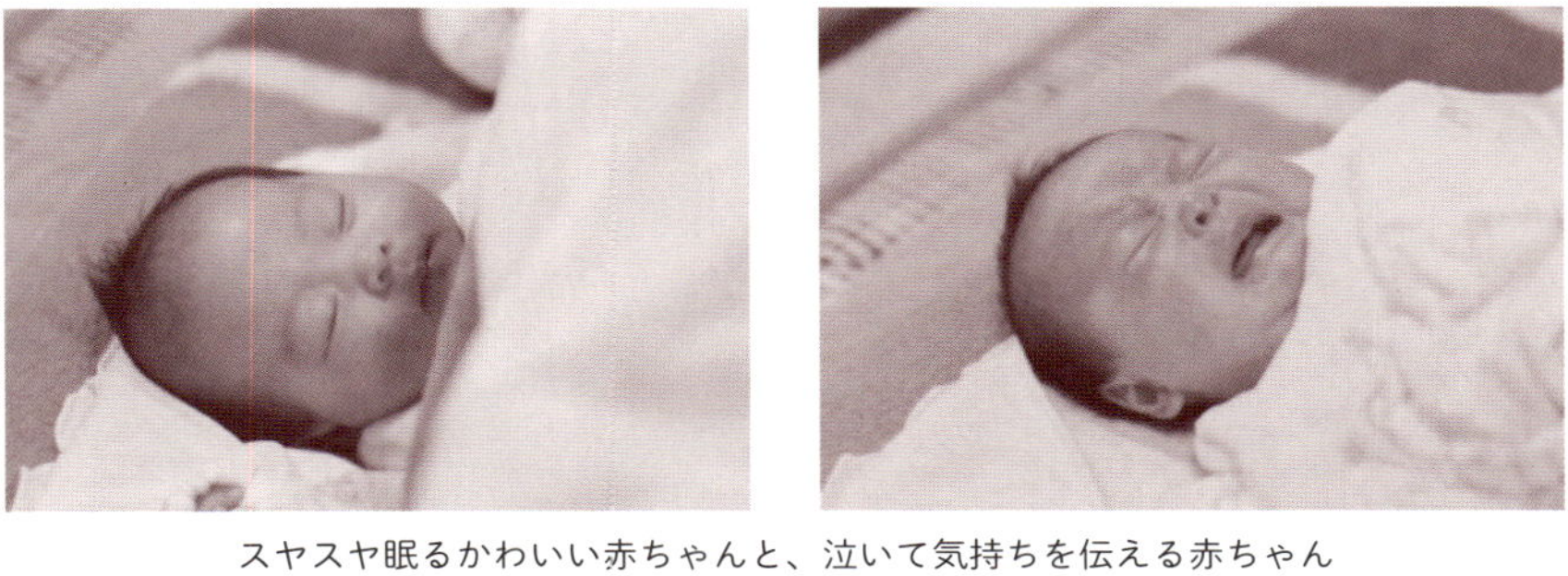

スヤスヤ眠るかわいい赤ちゃんと、泣いて気持ちを伝える赤ちゃん

んは安心して泣きやむのですし、こうした日々の積み重ねが、赤ちゃんの心の中に親への愛着や信頼感を育てていきます。

抱っこの大切さは、今日ではアメリカ、フランス、イギリスなどの育児書でも示されていて、身体的に親子が触れ合うことは子どもの成長にとって欠かせないということが例外なく繰り返されていますが、以前はそうではありませんでした。

イギリスの動物学者モリスは、「『わがままな子』に育てないためには、赤ン坊が泣いても放っておくことだとする間違った伝統が、われわれの文明社会には幅をきかせているが、これなどはまったく理解に苦しむ考え方といわねばならない。」[2]と、泣いても抱かないというかつてのイギリスの育児文化を否定しました。このようにほかの国でも誤った泣きの対応があったのです。

まれに、体調の悪化が原因で、急に泣くということもあります。急に泣き出して様子がおかしいときは、早めに受診しましょう。

2　モリス・D（著）、石川弘義（訳）『ふれあい　愛のコミュニケーション』平凡社、22ページ、１９９３年（原著：１９７１年）

No. 9

人見知り・後追いされてうんざり

ハイハイするようになってから、私が行くところにはどこにでも後追いしてきます。

トイレにも落ち着いて行けなかったり、家事もできなかったりしてストレスがたまります。夫は平日夜遅く帰ってきて赤ちゃんとかかわることがなく、休日に顔を見せても人見知りされて泣かれてしまうので、かかわりたがらなくなりました。

答えます！

人見知り・後追いは愛着形成のしるし

人見知りや後追いは、育ててくれる人との間の愛着形成がうまくいっている証拠なので、本来は喜ばしいことです。場合によっては母親や父親を困らせてしまいますが、これらは３歳ぐらいまでで終わりますので、そのときが来るまで待ちましょう。

後追いが１～２年も続くとさすがにうんざりしますが、あまりむきにならずに、この時期は仕方ないとあきらめて、子どもの思いをゆっくり受け止めるのです。いろいろなかかわり合いをしながら、後追いされるのは「わが子にとって私は特別なんだ」と心の中で喜びましょう。

やってみよう

後追いされる人を増やす

いくら父親でも、赤ちゃんにかかわる時間が少ないと“見知らぬおじさん”のままで、人見知りされるのは当然です。

ワンオペで育児していると、母親だけに後追いしてしまうようになります。しかし、父親や祖父母が育児に加わると、父親や祖父母への愛着が育つので、母親の姿が見えなくなっても、母親の後を追うことが少なくなります。母親だけが愛着対象ではないのですから、いろいろな人たちにかかわってもらうことで、母親の負担が減っていきます。

No.9

もっと知りたい！

育児学講座

人見知りはなぜ起こる？

知らない人を認識すると恐怖をおさえられなくなる

▲

記憶力・判断力が育っている

父親が人見知りされないためには…

かかわり続けて「いつも一緒にいる人」になる

後追いはなぜ起こる？

姿が見えなくなると不安になる

▲

親への愛着が育っている

後追いを減らすには…

行き先を伝えて安心させる

人見知り・後追いは成長の賜物

赤ちゃんの人見知りは生後8か月から12か月頃に始まり、２歳頃には落ち着くとされます。しかし、個性や家庭環境などによって多少は異なるため、生後6か月頃から始まる子もいれば、２歳を過ぎてから始まる子もいます。また、人見知りの程度も一人ひとり違います。保護者以外の人が抱っこすると激しく泣き出してしまう子もいれば、誰に抱っこされてもまったく人見知りしない子もいるのです。

人見知りは、記憶力が育ち始め、いつも一緒にいる人（母親、父親、家族、保育者）とは違う人だという、判断力がついている証拠でもあります。また、知らない人に対する恐怖心・好奇心といった感情が育っているとも考えられています。脳が未熟な赤ちゃんは、感情をコントロールする前頭前野という脳の働きが発達していません。そのため、目が合うと、反射的に強い恐怖を感じて泣いてしまうのです。

後追いとは、ハイハイやつかまり立ちができるようになって行動範囲の広がった赤ちゃんが、親が見えなくなったとき、後を追いかける行動を指します。後追いが始まると、赤ちゃんはどこにでもついてこようとし、障害物があっても後追いをしてくるため目が離せなくなります。

早い子どもなら生後6か月頃から後追いが始まります。その後、１歳にかけて多くなりますが、２歳を過ぎれば落ち着きます。少し離れても親が必ず自分の元に戻ってくるとわかれば、離れても平気になっていきます。また、言葉の理解が進むと、「待っててね」などの言葉かけが有効に働きます。人見知りは親とほかの人を区別できるようになった証拠で、後追いはいつも育ててくれる親への愛着が育った証拠というように、どちらも成長の賜物なのです。

筆者（熊田）の長女も人見知りがはげしくて、親戚のおじさんやおばさんを見てよく泣いていました。娘の気持ちを私が代弁して、「声が大きくてビックリしたね」とか、「ちょっと怖かったね」などと話しかけていました。おじさんやおばさんには、「さっきはごめんなさい。ふだん会わないから人見知りしてしまい、おじさんおばさんを怖いと感じたのよ」と謝ったら、「全然気にしないで。成長している証拠。うちの子たちもそうだったわ」と、逆に慰めてくれました。

人見知り・後追いと付き合っていくために

母親以外の人に対して人見知りして、いつも見慣れた母親の後を追うのは、当然と言えば当然です。父親も日頃から赤ちゃんの世話をしていれば人見知りされず、後追いされるようになります。

生後半年くらいまでの赤ちゃんは、母親など身近な人しか目を向けません。その後は社会性が発達して、母親以外の人を見るようになります。しかし、前頭前野が発達していない段階では、見知らぬ人と目を合わせると恐怖を覚えて泣き出すのです。日頃かかわっていない父親が人見知りで泣かれても、かかわり続けていけば、父親への人見知りがだんだん収まっていきます。

また、有効な後追い対策として、言葉かけがあります。「トイレ行くねー」とか「あっちの部屋に行くね」と声をかけると、だんだんと後追いが少なくなるのです。子どもがあちこち行けるようになると、トイレはこっちにある、台所はあっちにあるとわかるようになって、安心して後追いしなくなるようです。

人見知りも後追いも成長の証であり、一時的なものです。そうした発達の様子を前もって理解して、家族で共有することが大切です。特に、父親は、赤ちゃんから人見知りされないように、起きているときにかかわり、早くから顔を覚えてもらいましょう。

そして、ハイハイできるようになった赤ちゃんに後追いされると、わが子への愛情が深まり、父親として誇らしい気持ちになりますよ。

No.10

腰痛・肩こり・腱鞘炎に悩まされる

はじめての育児で、**授乳や抱っこなどで手首や腕を長時間使うので、痛くてたまりません。**子どもの成長が進むと体重が増して、一層私の身体の負担が大きくなっています。**夫に話しても、痛みやつらさを理解してもらえません。**

答えます!

育児の分担で身体の負担を減らしましょう

出生時には約3kgだった赤ちゃんは、3か月経てば倍の約6kgになり、1年経てば9～10kgとあっという間に大きくなり、育てる人の負担は増すばかりです。

女性のほうが男性より筋肉量が少ないために、主に育児を担当することの多い母親の上半身、特に手首に疲労がたまり、腱鞘炎になってしまいます。これは、多くの母親が悩むことで、特別な症状ではありません。母親だけの育児は身体の負担が大きいため、やはり、家族の誰かが育児を担うなど、母親を助ける支援が求められます。

やってみよう

みんなで抱っこしましょう

まずは、できるだけ父親やほかの家族に抱っこを担ってもらいましょう。母親だけでは、日々成長して大きくなる赤ちゃんの育児はとてもつらいものです。次に、育児用品を活用しましょう。新生児期から使えるものがありますし、3か月たって首がすわる頃には、おんぶをすれば手首や肩への負担は少なくなります。また、座ったり寝たりしながら抱っこするのもおすすめです。いずれにしても母親の腰・肩・手首の負担を減らすよう、家族が協力しましょう。

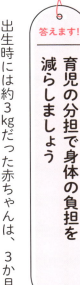

No.10

もっと知りたい!

育児学講座

長時間＆頻繁な授乳と抱っこによる身体ダメージ

腰痛・肩こり

長時間同じ姿勢をとると、筋肉が過度に緊張して血行が悪くなることで起こる

腱鞘炎

無理をして長時間にわたり授乳と抱っこを繰り返すと、手首の腱鞘がダメージを受け、炎症を起こす

↓

対策

- 姿勢を正す
- 育児用品の活用
- 家族の協力・家電の活用による家事の負担軽減
- 長時間同じ姿勢をとらない
- 抱っこの代わりにおんぶ

母親の身体のつらさ

育児に伴う身体の酷使や長時間の抱っこは、想像以上に母親の身体にダメージを与えます。その代表的な症状が腰痛・肩こり・腱鞘炎です。女性の身体の筋肉は男性の70％しかなく、特に肩や腕の筋肉は、男性の60％くらいしかありません。

それにもかかわらず、出産直後から始まるのが3時間おきの授乳と抱っこです。授乳や抱っこでは長時間前屈みの姿勢になりやすいため、気づいたときには、ひどい肩こりになっていることがあります。一日中抱っこしないと赤ちゃんが泣きやまず、抱っこひもをつけたまま家事をしているという話もよく聞きます。しかも赤ちゃんは日に日に大きくなり、3か月健診のときには出生時の体重の2倍の重さになっているのです。育児中の母親の身体の負担をできるだけ減らすように周囲の人は努めましょう。

肩こりは、首、肩、背中回りの筋肉が過度に緊張して血行が悪くなることで起こります。長時間同じ姿勢を続けている人が発症することが多く、出産を終えた母親は、その日のうちから肩こりに悩まされる可能性があります。

腱鞘炎は、骨と筋肉をつなぐ腱を包んでいる「腱鞘」に炎症が生じる病気の総称です。何らかの運動をして腱が動くたび、腱鞘に刺激が伝わります。無理をして長時間にわたり授乳と抱っこを繰り返したり、家事を続けると腱鞘がダメージを受け、炎症を起こすのです。

そのため、腱鞘炎は産後すぐに発症するのではなく、産後1か月を過ぎた頃から徐々に悩まされることが多くなるといわれています。

便利な道具を使いこなしましょう

いつの時代も、育児は体力勝負です。赤ちゃんの頃はおんぶや抱っこをし、元気に駆け回るようになれば必死に追いかけ、その合間に家事もこなさなければなりません。ゆっくり休む時間もなく無理をしがちな母親は、気づけば身体のあちこちに不調を抱えてしまいます。

対策として、肩こりがひどいお母さんは、姿勢を正して授乳や抱っこをするようにしましょう。授乳や抱っこでは前屈みや猫背の姿勢になりやすく、そのことが肩こりを引き起こす大きな原因の1つとなります。また、長時間同じ姿勢を取り続けることは避け、時には立って抱っこしたり、抱っこする腕を替えるなど、自分に合った対策を行うことが大切です。育児用品のスリングを使えば、新生児（生後2週）から抱っこが可能です。

また、抱っこのかわりにおんぶをするのもよいでしょう。両腕が使えるので、だっこするより安

新生児期のスリング
（提供：北極しろくま堂）

全です。両腕、両肩を使うようにすれば、身体への負担は少なくなります。

古来、世界各国でさまざまな育児用品が使用されて、働く母親を支えてきました。乳幼児を育てる母親は、家事や農作業などで両手を使えるように、もっぱらおんぶをしていました。日本では、平安時代の絵巻に、ひもでおんぶされた乳児が描かれています。また、おんぶひもは、中国ではメイタイ、韓国ではポデギの名前で知られています。さらには、アフリカや南米でも、赤ちゃんは大きな布で背負われてきました。

今日、おんぶと抱っこの育児用品は、さまざまに改良されて世界中で使われています。新生児から使える物もあり（写真64ページ）、赤ちゃんを抱っこして街中を歩くお父さんもよく見かけるようになりました（写真16ページ）。文明の利器として、ぜひ育児用品を活用しましょう。

腱鞘炎を予防・改善するには、授乳まくらやサポートクッションなどの活用が効果的です。手首や指への負担が少なくなるような姿勢で、授乳や抱っこをするようにしましょう。

また、身体の負担を減らす工夫として、乳幼児の育児期には、家事の手を抜きましょう。買い物はネットで注文して外出の負担を少なくする、おかずは冷凍食品を活用する、掃除は毎日ではなく数日おきにするなどで負担を減らします。また、ロボット掃除機、洗濯乾燥機、食器洗い乾燥機など、便利な家電を活用しましょう。

赤ちゃんが昼寝しているときには、家事をするのではなく、一緒に休んで少しでも疲労を回復させましょう。それは自分のためだけではなく、赤ちゃんのためでもあるのです。

No.11

産後うつでとてもつらい

ある日、突然起き上がれなくなり、身体が重くて、動けない日々をおくっています。

そんな自分に嫌気がさす日々です。決して子どもがかわいくないわけじゃないのに、育児が思うようにならない現実に、悶々としてしまうのです。育児本やネットに書いてあるようにできない自分が、ダメな親に思えてしまいます。

答えます！

周囲の家族が気づいて予防する

産後うつにかかる母親は多く、コロナ禍以降は、4人に1人はうつ状態といわれています。

うつ状態になる前の予防が大切なので、疲労やストレスをためないように家族が母親を支える必要があります。また、母親自身は自分の『おかしさ』に気づきにくいものですから、周囲の家族が異変に気づいて促し、専門家に受診するという早期治療が求められます。

やってみよう

睡眠を確保し、つらさを一人で抱え込まない

細切れ睡眠にならないように、夜間の育児の一端を父親や祖父母が担い、これまで述べてきた「共同育児」や、出産後１か月間は母親が寝たままで生活し、体調を整えて「床上げ」を行うことが求められます。

家族や周囲の人につらさを伝え、助けを求めるのも大切です。自分一人で抱え込まないようにしましょう。ママ友との会話が孤独感をなくしてくれて、精神的に救われた母親もいます。育児のグチや悩みを吐き出すのが大切です。

No.11

もっと知りたい！

育児学講座

産後うつの原因とは？

育児による身体的な負担

- 赤ちゃんをあやす、オムツを替える、寝かしつける…などの疲労の蓄積
- 慢性的な睡眠不足

育児に対する不安や環境の変化に伴うストレス

- 漠然とした不安
- 誰の助けも得られない状況

母親が追い込まれないように…

産後１か月は安静にして身体と心を休ませる

周囲の人に助けを求める

自治体等のサービスを利用する

産後うつの原因

出産後の女性に起こる「産後うつ」は、症状が悪化すると命にかかわる危険性もあるため、早めの気づきと治療が必要とされています。産後うつになる原因は複数ありますので、正しい知識を得て、理解を深めましょう。慢性的な睡眠不足や自分の時間がないストレス、周囲のサポート不足のほか、妊娠中から続く不安や精神疾患などが、産後うつのリスク因子としてあげられます。産後うつは産後6週から8週の間に発症するケースが多く、なかなか症状が改善しません。

診断の1つとして、NICE（英国国立医療技術評価機構）が推奨する2つの質問があります。1つでも当てはまれば、産後うつの可能性があり、精神科の受診を検討する必要があります。

❶過去1か月の間に、気分が落ち込んだり、元気がなくなる、あるいは絶望的になって、しばしば悩まされたことがありますか？

❷過去1か月の間に、物事をすることに興味あるいは楽しみをほとんどなくして、しばしば悩まされたことがありますか？

産後うつになる原因は、大きく分けて2つあります。

まず1つ目は、慣れない育児で身体に大きな負担がかかることです。産後間もない赤ちゃんは、3～4時間おきに授乳が必要になるため、母親は慢性的な睡眠不足に陥りやすくなります。加えて、泣いている赤ちゃんをあやす、オムツ替えをする、寝かしつけるなど、あわただしい毎日を過ごすために、疲労が蓄積していきます。身体が疲れていると気分も落ち込みやすくなり、うつに陥るリスクも高くなります。

2つ目は、育児に対する不安や環境の変化に伴うストレスです。育児は手探りで進めていくものなので、漠然とした不安を抱きやすくなります。周囲のサポートがあれば不安や悩みを分かち合うことができますが、「ワンオペ育児」で誰の助けも得られない状況になってしまうと、ストレスや不安をため込んでしまいがちです。特に産後は女性ホルモンの変化により、脳がストレスに耐える力が低下するといわれているため、普段なら何でもないことでも不安に感じることがあります。

予防のためには、出産前から産後うつの知識を、父親やほかの家族、友人などが知っておくことが大切です。母親自身は産後うつに気づかないものです。家族や周囲の人が、母親の様子に気をつけるようにしましょう。

産後うつの割合は育児中の母親の10〜30%で、珍しい病気ではありません。おかしいと思ったら、ためらわずに精神科を受診しましょう。早めの受診が悪化を防ぎます。

産後は身体と心を休ませましょう

産後は、全治1か月以上のケガをして入院している状態だと考えましょう。産後のダメージがあるのに無理をすると、日常生活に支障が出ることもあります。とにかく、産後1か月の産褥期《さんじょくき》は、絶対安静で、家族に家事と育児を担ってもらい、母親は床にふせて、赤ちゃんへの授乳だけすればいいという形をとって、身体と心を休ませましょう。

責任感が強い母親は、「母親ならこのくらいできて当たり前」「母として何でもやらなければ」など、自分自身を追い込んでしまいます。そうしてうまくできなかったときに自己嫌悪に陥り、悪循環から抜け出せなくなる可能性があるのです。また、周囲に助けを求められないという孤独感と「自分以外にやる人がいない」という使命感に押しつぶされやすい傾向にあります。

最も重要なのは、周囲が協力して母親のストレス要因やリスク因子を除くことです。母親が夜に寝られない、髪を洗う時間がない、立ったままご飯を急いで食べる、といったことがないように、周囲が手助けしましょう。

育児相談会や一時預かり、ショートステイなど、外部サービスを活用するのもよいでしょう。多くの自治体が行っているさまざまな産後ケアの事業は、希望すれば誰もが受けられます。そこでは、話を聞いてくれる職員がいるので、頼れるところがあるというだけで、自分の心が折れてしまう前に、精神的に助けられます。

母親自身の病気やケガは、一人で我慢してがんばれることもあるでしょう。しかし、育児中の不調は、大切なわが子に悪影響を与えてしまうので、母親一人の問題ではなくなってしまいます。わが子の命を守るためにも、自分が倒れないように、抱え込みすぎないようにすることが大事なのです。

No.12 母乳育児は絶対？

完全母乳で通したいと決心しましたが、母乳の量が足りないみたいで、赤ちゃんの体重が増えません。

どうしたらよいでしょうか。

ずっと母乳育児をしていると、乳首・乳房のトラブルと睡眠不足で、疲れもたまってしまいます…。

答えます!

母乳と粉ミルクを柔軟に使い分けましょう

産後、まだ身体が回復しきっていない状態での授乳による睡眠不足や疲労蓄積は、母親にとって母乳育児のデメリットといえます。新生児期は昼夜問わず頻繁に授乳をしなくてはならず、体力を消耗します。さらに、乳頭に亀裂や痛みを生じるなどのトラブルが起こる場合もあります。

母親の身体をいたわるために、一時的にミルク育児に変えることも必要です。ミルク育児でも、十分な栄養を与えることができます。どちらにせよ、大事なのは、抱っこして赤ちゃんの目を見て、愛情をもって育てることです。

やってみよう

ミルク育児でも愛情をもってかかわればOK

母乳育児を望む母親は多く、中には「母乳でなければならない」とプレッシャーを感じたり、乳首の痛さを抱えたり、粉ミルクを飲ませることに罪悪感を抱いたり、つらい気持ちをもつ母親もおり、周囲のサポートが必要です。

ミルク育児でも、抱っこしたり、子守歌を歌ってあげたり、話しかけてあげたり、愛情をもっていろいろなかかわり方をすることができるでしょう。母乳かどうかにとらわれず、赤ちゃんが元気に楽しく過ごせる育児をすることが重要です。

No.12

もっと知りたい！

育児学講座

母乳育児のメリット

- 消化・吸収がよく、栄養バランスがとれている
- スキンシップで赤ちゃんの心身が育つ

母乳育児のデメリット

- 乳首・乳房のトラブル
- 睡眠不足　・量が確認できない

上手に母乳と粉ミルクを使い分ける

決まった時間ではなく赤ちゃんが
ほしがったときでOK

母乳育児の大切さ

私たちは母乳で赤ちゃんを育てるほ乳類ですから、赤ちゃんに母乳を飲ませるのが自然です。母親は、自らの血液から、一日に約1リットルもの多量の母乳を生み出します。そして、産まれたばかりの赤ちゃんは、誰に教わるでもなく、母親の乳首に吸いつき、力一杯お乳を吸い始めます。

母乳は赤ちゃんにとって最も消化・吸収がよく、バランスがとれた栄養源です。そのうえ、一日に何度も母親の胸に抱かれておっぱいを飲むので、赤ちゃんと母親とのスキンシップができます。母乳を飲んでくれるわが子に、母親はいとおしさが一層強くなるといわれます。

授乳や抱っこによるスキンシップで、赤ちゃんの身体と心、そして脳はどんどん発達します。優しく抱きあげて、目と目を合わせて、ほほえみながら語りかけるという授乳ができるのは、ほ乳類の中で人間だけなのです。

かつては、母乳の出が悪いと赤ちゃんの成育に悪影響を及ぼし、最悪の場合は命もおびやかされました。そのため、母親に代わってお乳を与える乳母がいたのです。ほかにも、家畜の乳や米のとぎ汁、砂糖水なども使われました。しかし、代用乳では健康に育たない赤ちゃんは多かったようです。現在の粉ミルクは、品質が改善されて

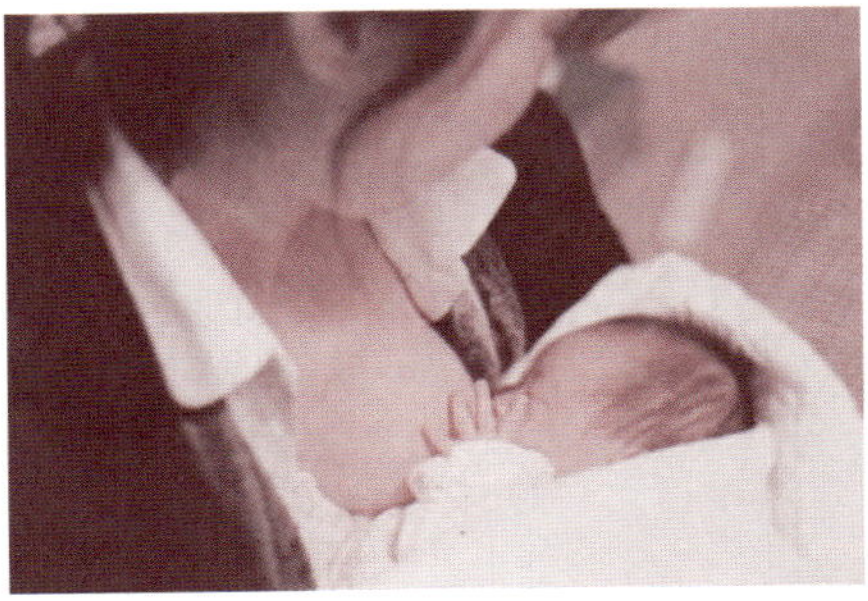

授乳と抱っこ

問題はほとんどなくなりましたが、母乳と全く同じ栄養価があるとはいえません。

母乳育児とミルク育児の使い分け

一方で、母乳育児にはデメリットもあります。母乳育児の悩みとして、乳首・乳房のトラブル、睡眠不足などがよくあげられます。また、乳房のトラブルが悪化して乳腺炎になることもあります。母乳は飲ませた量を確認できないため、量が足りているか不安になる母親もいます。外出先での授乳スペースが限られていたり、人目が気になったりして、不便だと感じることもあるでしょう。

ですので、絶対に母乳でないといけないとは考えず、上手に母乳と粉ミルクの使い分けをしていきましょう。それが母親の睡眠不足の解消や乳首・乳房を休ませることにもなります。

授乳間隔は時計ではなく赤ちゃんのリズムで

ところで、赤ちゃんには何時間ごとに授乳すればよいのでしょうか？　筆者（金子）が乳児院の職員だったときに、16名の入所児の授乳パターンを調べるために、授乳開始時刻を長期間記録しました。赤ちゃんが空腹で泣いてほしがったときに飲ませる自律授乳で、哺乳瓶から飲ませたのです。その結果、新生児期から数か月は3～4時間おきにミルクを飲むことが多いものの、日によって、そして赤ちゃんによって、ばらつきがありました。お乳をあげる間隔は、赤ちゃんにまかせて、ほしがったときにあげればよいのです。そうすれば、ウルトラディアンリズムにもとづき、自然に3～4時間間隔になるでしょう。

日本伝承の授乳は、赤ちゃんがほしがったときにいつでも飲ませる方法でした。しかし、明治時代に日本の小児科医が取り入れたドイツ医学の主張する定時授乳に変わり、時計の時間に合わせた規則正しい授乳を行うようになりました。

時計が一般的になったのは、たかだか100年前ですから、それまでの何十万年の間ずっと、時計がない中でお乳をあげていたという事実を忘れないようにしましょう。だから時計ではなく、わが子を見て、お腹がすいているかどうか判断してくださいね。

人間の遺伝子に組み込まれた生体リズムのうち、約24時間のサーカディアンリズムについては、よく知られるようになりました。しかし、乳児期のウルトラディアンリズムは、授乳、睡眠－覚醒などの基礎にある重要な特性にもかかわらず、一般に知られていません。さらに、ウルトラディアンリズムは、赤ちゃんによって、日によって変わってくるので、ほかの子どもの様子は参考にならず、毎日同じようには育てられないのです。

こうした事実を知って、赤ちゃんの生理的欲求に合わせてみると、育児は少し楽になるでしょう。

No.13 子どもの性格は母親のせい？

わが子は、ちょっとの物音で起きてしまいます。音をたてないように気をつけているのですが、**神経質でよく泣く点が気になってしまいます。**ほかの赤ちゃんは3時間おきにお乳を飲んでくれるそうですが、わが子はまちまちで決まっていません。**私の育て方が問題なのでしょうか…。**

答えます!

赤ちゃんの性格は育て方のせいではなく生理的なもの

生まれたときから、赤ちゃんにはそれぞれ生理的な個性があり、あまり泣かない子、一度泣くとなかなか泣きやまない子、音に敏感な子、おっとりした子、表情が豊かな子、よく眠る子、授乳時間が決まっている、授乳時間が決まっていないなど、タイプはさまざまなのです。

母親の育て方とは関係ありませんので、自分を責めたりせず、ほかの赤ちゃんと比べたりしないようにしましょう。

やってみよう

おおらかに考えましょう

泣き始めるとなかなか泣きやまない、敏感でちょっとした物音にすぐ泣いてしまう、すぐかんしゃくを起こす…。そんなことが続くと、「自分の育て方が悪かったからこんな子になってしまった」「私は母親失格」と、母親は落ち込んでしまうでしょう。

そんなときは、これがこの子の生まれつきの個性だと、おおらかに受け止めてあげてください。子どもの個性と付き合いながらも、あまり気にしすぎないことが大切です。また、育児の何もかもを母親一人で受け止めるのではなく、家族に相談したり、専門家の助言をもらいましょう。

No.13

もっと知りたい！

育児学講座

赤ちゃんには、生まれもった気質・個性がある

↓

じっくり観察して知っていく

落ち着いて見守る

ネガティブな感情が
子どもに伝わると悪循環に…

一人で抱え込まないことも大事！

- 実家の親に相談する
- 子育て支援センターや保健センターの助言を受ける

赤ちゃんの性格は生まれつき

赤ちゃんには、生まれもった気質・個性があり、とても神経質な子どもの場合、抱っこしていなければ泣いてばかりで、母親が疲れきってしまいます。いくらスキンシップが大切といっても、一日中抱いてばかりだと母親は楽しいはずがありません。育児用具を活用したり、ほかの人に代わってもらったり、あるいは、ベビーカーで散歩するなどして赤ちゃんの気分を変えて、抱きっぱなしにならない工夫が求められます。育児では母親の負担を忘れてはいけません。気難しい性格の赤ちゃんの場合、泣いたときに抱っこしてあやしても、すんなりおさまらないことが多く、なんとかしようとすればするほど火に油を注ぐことになる可能性もあります。

睡眠が短い・長い、よく泣く・おだやか、授乳が規則的・不規則、など、赤ちゃんにはたくさんの個性があります。こうした個性を親が変えることはできません。わが子の個性がどうなのか、じっくりと観察して知っていくのが大切です。赤ちゃんの個性には、母親にとって対応が難しいものがあります。それでも、個性という生まれつきの性質を受け入れていきましょう。

自然の成長に任せましょう

赤ちゃんの個性への対応に関して、経験豊富な小児科医は次のように記しています。「人間はめいめいの個性を大事にして生きるのが賢明です。賢明だというのは、むだなことをしないこと、生活を平和にたもっていくことです。自然になおるものは、自然にまかせて、一時期がまんしようというのが、そういう個性をもっている赤ちゃんと、その母親との賢明な生き方です。」[1] 気難しい赤ちゃんがかんしゃくを起こしたときは、無理になだめようとせず、少し離れたところで様子を見るなど、おさまるまで少し待ってみたほうがいいかもしれません。あるいは、抱っこして外に出てみるなど、気を紛らわせたり、気持ちをほかに向けるほうがよいこともあります。一人ひとりに合ったあやし方、落ち着かせ方を見つけていってください。

もちろん赤ちゃんの個性が、そのまま一生続くわけではありません。その後の育て方、育つ環境、人とのかかわり方によって、性格は成長につれて変化していきます。生活リズムや家庭環境などを整えることで後天的にかんしゃくがおさまることもあります。

成長のある時期に、がんこな夜泣きをするというのは、その赤ちゃんのもって生まれた個性です。その子のもって生まれた個性が、その年齢で、その形で現れたのです。そんなときは、泣いている赤ちゃんを抱きあげて、安心感を与えてください。不安で泣きたい赤ちゃんの気持ちを受け入れるのです。成長という自然の過程でなおるので、親が人為的になおそうとしてもむだです。

1 松田道雄『松田道雄の安心育児』小学館、9ページ、1986年

母親が一人で抱え込まない

育児の何もかもを母親一人でしようと思わないことも大事です。扱いが困る赤ちゃんを一人でなんとかしようとすると、うまくいかなければ自信がなくなってしまいます。そして、「自分は親として失格だ」というネガティブな感情が子どもに伝わると、子どももますます敏感になったり、感情のコントロールがうまくできなくなったりして、さらに母親が大変になる、という悪循環に陥ります。

そうならないためには、父親を含め、できるだけ多くの人に育児にかかわってもらうことが大切です。母親が家で赤ちゃんとふたりきりで過ごすより、実家や兄弟姉妹の家に行く、友人と会う、子育て支援センターや保健センターに行くなど、外に出て、人とかかわる工夫をしてみましょう。また、周りの人に頼ったり、なるべく母親が息抜きしやすく、育児を楽にする道も探してみるとよいと思います。

No.14

ほかの子と比べてしまう

3か月までには首がすわる、6か月にはお座りができるというような一般的な発達基準よりわが子の発達が遅いと気になってしまったり、**同じ月齢の赤ちゃんと比べたりしてしまいます。うちの子ができなくて、ほかの子ができることには、つい敏感になってしまうんです…。**

答えます!

一人ひとりの子どもの育ちのペースを尊重しましょう

ほかの子と比べることは、ダメなことではありません。比べるほど、わが子の育ちを意識している、愛しているという証拠です。しかし、比べるあまり、子どもの成長を急がす危険があります。母親が、わが子をほかの子に揃えさせよう、競わせようとする焦りは、母親を疲れさせるだけでなく、子どもの育とうとしている力も途切れさせてしまうのです。わが子の育ちのペースを尊重し、いろいろな子がいるんだというくらいの考え方でいきましょう。

やってみよう

多様な子どもの育ちを認めましょう

比べる自分を批判せず、いろいろな子の特徴を知っていきましょう。比較する母親は、観察力と分析力があり、ある意味研究者のような視点をもっているといえ、素晴らしいことです。比べる自分をほめつつ、違いを知っていきましょう。

子どもの育ちは、一人ひとり違って多様です。多様な社会に生きる未来へとつなげて、ほかの子と違うことも認め合える目線を保ちましょう。そして、わが子のいいところをたっぷり喜び愛しましょう。比べてしまっても、揃えたり、競ったりしないことです。

No.14

もっと知りたい！

育児学講座

乳幼児期の子ども

自らの個性を
尊重される

多様な人々に親しむ

そのためには…

それぞれを愛し、
尊敬できるようになる

そのためには…

・わが子の素敵なところをたくさん伝える
・わが子の興味や個性に合わせて遊ぶ

性別の観点や兄弟姉妹の立場でレッテルを貼らない

多様性に生きる社会で、自分の子を責めないようにしよう

この世の中には、年齢、性別、国籍、職業、地域などにおいて、自分と異なるさまざまな人が存在します。私たち人間は、知らないことに不安を感じたり恐怖を覚えたり、偏見をもったりするものです。しかし、乳幼児期からさまざまな人やもの、出来事や事象に触れることで、子どもはそれぞれを「すてき」「あこがれ」というような感覚で向き合い、それぞれを受け入れ、知る（愛する・尊敬する）経験として重ねていくことができます。

ですから、「なぜできないの」「ほかの子はできているのに」とほかの子に揃えることにとらわれずに、わが子の個性を尊重したうえで、多様な人々に親しみましょう。つまり、「多様性に生きている」ことを育児しながら知っていくのです。

子どもの個性や素敵なところを活かして遊ぼう

例えば、「お絵描きではうまく描けないけど、ゆっくりと好きに描いていていいよ」「絵が下手な大人もいるから！　気にしなくていいよ」「少し音がずれてしまっても楽しそうに歌えるね」「音楽に合わせて身体を動かすと、ニコニコ笑顔でいきいきしているね」「ほかにもいいところがあるから気にしないわ」というように、ほかの子と比べてしまう場合でも、わが子の素敵なところを誇張

しましょう。日々の遊びでは、その子のそのときの興味や個性を活かせるように、「ごっこ遊びを十分にする」「なりたいものになりきる」「廃材などを使って何かに見立てて作る」などの時間・場所を確保し、子どもの育とうとしている力を大切にしましょう。

また、ほかの子と一緒に遊ぶときは、同じようにする必要はありません。例えば、公園などでは、追いかけっこしたり、砂場や遊具で遊んだり、ほかの子の様子を見ていたり、戸惑ったり…などさまざまな姿が見られますが、焦らずに、わが子が興味をもったその時々の遊びをじっくりさせてあげましょう。ぼーっとしているように見えても、例えば風の音を感じたり、ほかの子を観察していたりなどしながら、子どもは成長しています。ほかの子と同じように揃える、比べる、競う必要はありません。**母親がほかの子と同じようにと焦ることで、子どもの育とうとする本物の成長が押し止められてしまい、子ども自ら育っていく力がなくなります。**

ですが、子ども同士で真似し合う、揃えたがる場合は、十分に見守って、真似る、揃えることを楽しみ、遊びましょう。その際も、「個性」「その子らしさ」「その子のすてきなところ」を大事にしましょう。

レッテルを貼らないように注意しよう

また、「男の子だから」「女の子だから」というような決めつけ、「お兄ちゃんだから」「お姉ちゃんだから」というような見方などで、レッテルを貼らないように気をつけましょう。日本のジェンダー・ギャップ（男女格差）指数は146か国中118位（２０２４年）で、男女同権意識がとても低いため、「男の子は青色」「女の子は赤色」「お父さんは強く」「お母さんは優しく」というような性別の価値づけが継承されています。しかし、男女、兄弟姉妹についても比べたり、決めつけたりする必要はありません。保育所における保育の内容や考え方について示された「保育所保育指針」（第２章 保育の内容 ４ 保育の実施に関して留意すべき事項）においても、「子どもの性差や個人差にも留意しつつ、性別などによる固定的な意識を植え付けることがないようにすること」と示されています。

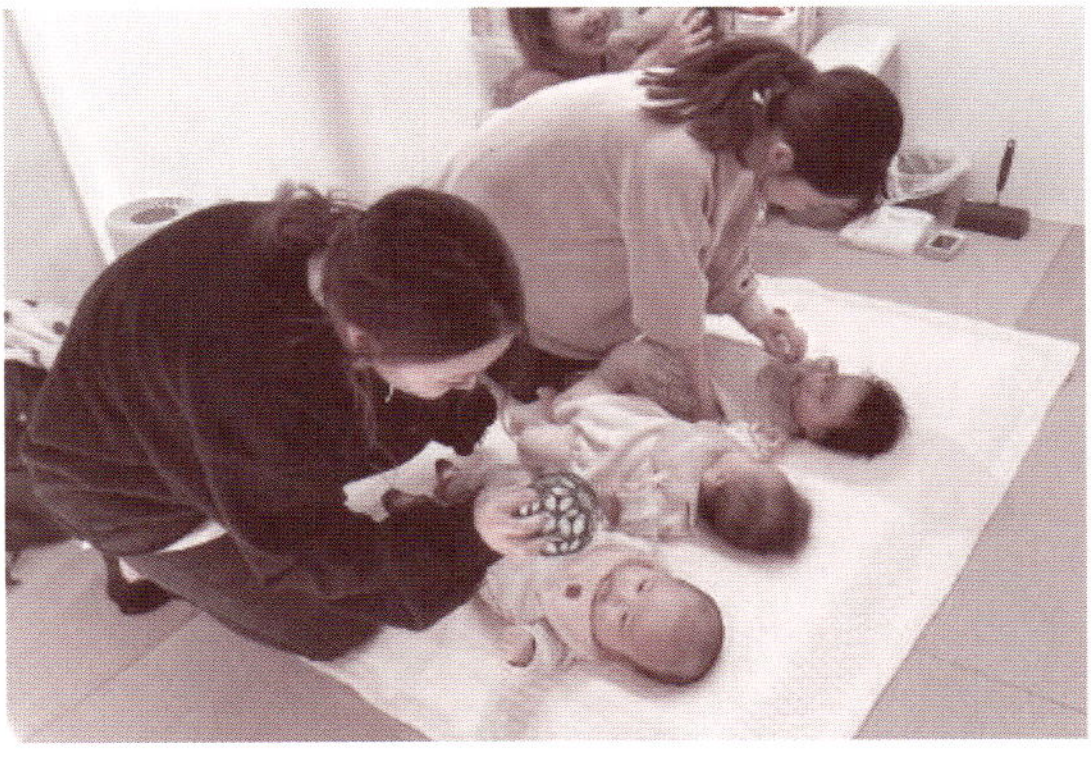

比べる視点は大事だけど、それぞれを認め合う母親たち

No.15

遊び・いたずらで目が離せない

ハイハイできるようになってから、手にするものを何でも口に入れてしまって、目が離せません。**子どもにかける言葉は「ダメ！」「危ない！」と否定するものばかりで嫌になります。**コンセントやハサミなどの危険物、スマホやパソコンなどの精密機器など、何でも触って困ります。やめさせることはできるのでしょうか。

答えます！

遊び・いたずらは学びです

「何にでも手を出す」ということは、赤ちゃんの脳や心の発達が進んでいるあらわれです。赤ちゃんは、手あたり次第にものを触って、その性質を確かめて学んで成長するようにできているのです。

この好奇心は、何十万年もの進化の過程で獲得した人類の大切な性質です。幼い子どもたちは、自ら動いて身体と心と脳を育てるために、本能的に遊びやいたずらをしているのですから、遊びやいたずらはなくてはならないのです。母親を困らせようとしているのではありません。

ですから、育つ力のあふれる子どもたちが本能に導かれて遊び、いたずらする衝動を親が止めさせようとするのではなく、そのエネルギーをうまく発散させることを目指すようにしましょう。

やってみよう

遊び・いたずらができる環境づくり

まずは、いたずらされても大丈夫な室内環境を作ることです。「触らないで！」「口に入れないで！」と言っても、好奇心旺盛な子どもを止めることはできません。手で触られると困るもの、口に入れると危ないものは、はじめから手の届かない高いところに置いておきましょう。例えば、コンセントには、コンセントカバーをかぶせておきます。このように、いたずらされても困らないように環境を整えるのです。

No.15

もっと知りたい!

育児学講座

生後3か月頃から

一番感覚が発達している口と手から脳に刺激を与える

↓

脳が成長する

自己肯定感や母親に対する信頼感が育つ

子どもが自由に遊べるスペースを作る

・赤ちゃんが口に入れたり触ったりしても安全なものを置く
・集中して遊べるように置くものを少なくする

遊び・いたずらはいつ頃から見られる？

ここで、筆者（金子）が一人の赤ちゃんの新生児期から2歳まで、ビデオ撮影で記録した結果を紹介します（下図[1]）。その中で、遊びやいたずらと判断される「手で触る」「口に入れる」行動は、生後3か月くらいから見られるようになりました。生後2か月までの乳児期初期は運動機能が未熟で、思い通りに手と口を動かせず、手におもちゃをつかませても口にもっていけません。3か月過ぎて首がすわると、手をうまく使ってものを触りだし、口に入れてなめるようになりました。この時期に一番感覚が発達している口と手は、脳の部位の広い範囲がかかわっているので、口と手からの刺激を得て脳の成長が進んでいくのです。

「口に入れる」は6か月くらいで一番多くなりますが、その後減少して、1歳半では、ほとんど見られなくなりました。その一

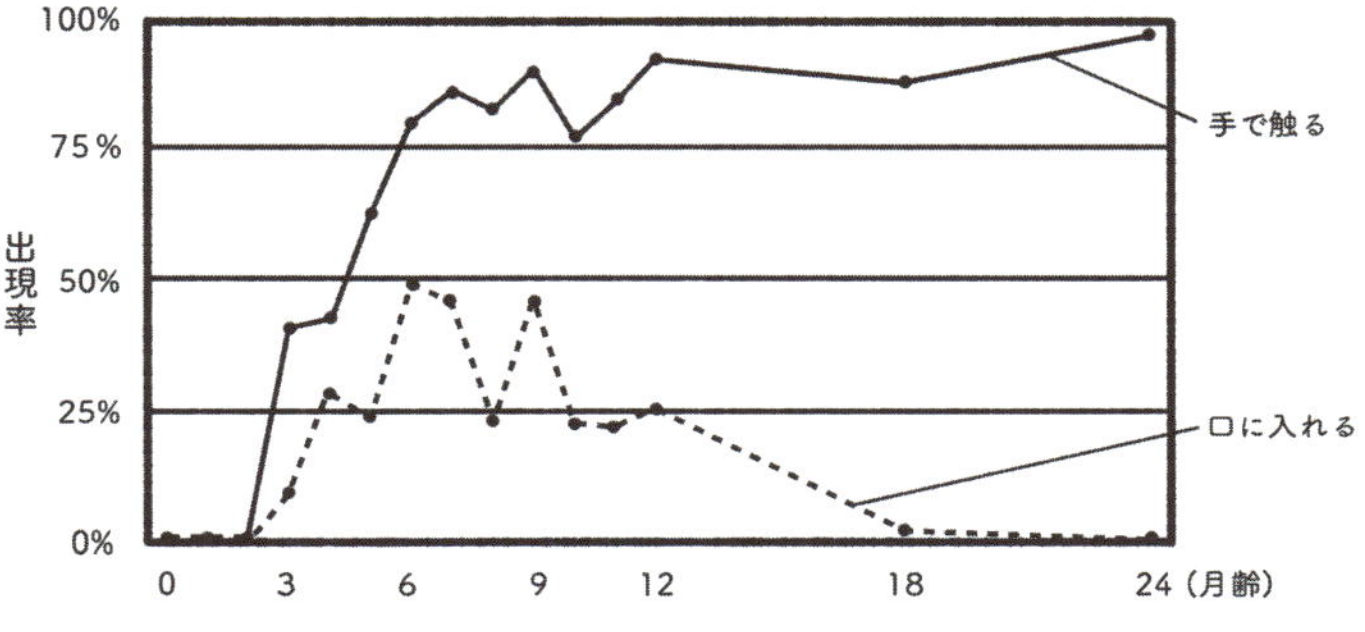

（図）「手で触る」「口に入れる」生起率の発達的変化

1　金子龍太郎「乳児の抱きパターン（抱き—分離）の縦断記録の分析——新たな子ども観（断続授抱性）の実証をめざして」『龍谷大学社会学部紀要』第56号、48ページ、2020年

方、「手で触る」は1歳半、2歳になっても多く、その後、3歳以降の幼児期にも多く見られます。研究対象の赤ちゃんには姉と兄がいて、母親は子育てに慣れているので口に入れる行為には寛容でした。そのため、おもちゃだけでなく、スリッパ、イス、机、電源コード、絵本、姉の教科書やノートなど、目につくもの、手が届くものすべてを口にしていました。もちろん、壊されると困るものや危ない場合は止める必要があるため、目が離せない日々は続いたのです。

子どもが育つ自由な遊び

子どもを自由に遊ばせることで、子どもには「自分はいろいろなことができる」「自分は大切にされる存在だ」という自己肯定感や母親に対する信頼感が育ってきます。

室内では、何をしてもよいスペースを作るのがよいでしょう。例えば、ある小児科のお医者さんは、①自宅の一室を孫たちのために開放して、どんないたずらをしてもよいスペースにして、叱らずに見守る、②診療所の中に自由に楽しめる「開放区」を作り、おもちゃを置いて、壁には落書きができるようにしました。

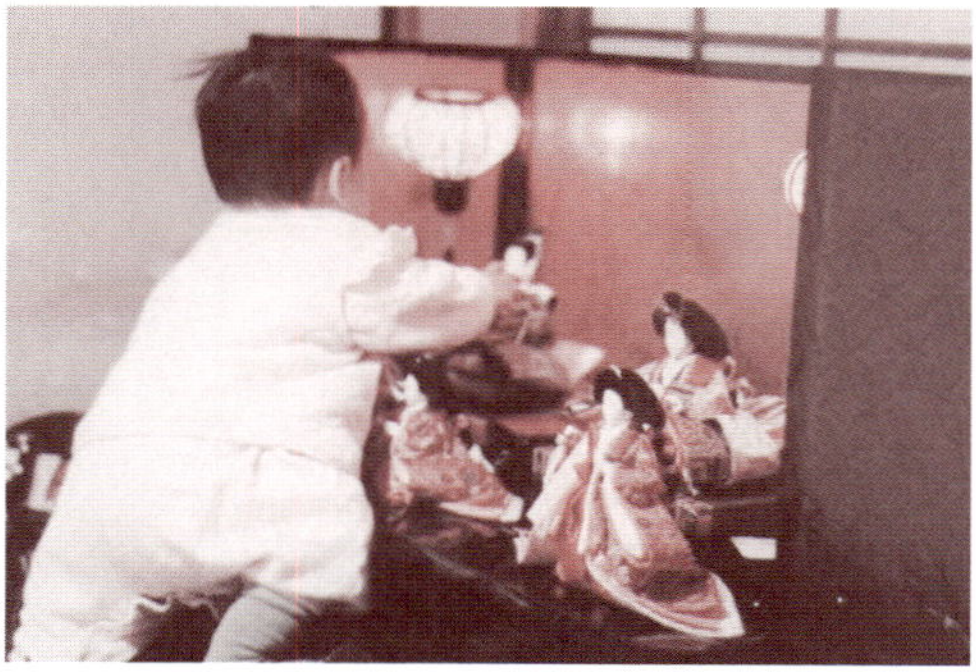

「はじめて目にする“おもちゃ”があるぞ」
子どもはなんでも触りたがる

このような例を参考に、家の一室に遊びのスペースを作ってみるとよいでしょう。ベビーサークルで2帖ほどのスペースを作り、中にはおもちゃだけでなく、ダンボールなど破られても壊されてもよいものや、口に入れても安全なおもちゃを置き、母親が離れていても、目を離しても安心できる場所を作るのです。何をしてもよい場所を作れば、３か月を過ぎた赤ちゃんは、口や手を使って好奇心を満たして脳に刺激を与え続けて、同時に成長するエネルギーを発散できるでしょう。その際は、置くものの種類を少なくして、赤ちゃんの集中力を邪魔しないようにしましょう。

また、戸外での遊びもなくてはなりません。No.16（96ページ）のお悩みにも関係しますが、戸外で自由な遊びをさせるのもおすすめです。しかし、散歩で近くの小さな公園へ行くと、設備が整っていない場合が多く、犬・猫の排泄物があったりして、自由に遊べないこともあります。

そのようなときは、いっそ「遠足」の感覚で、車などで遠出して、大きな都市公園や自然公園で半日過ごすのはどうでしょうか？　お弁当を持参して、お昼寝できる準備もしていきます。そういった場所であれば、乳幼児にとって危険な固定遊具が無く、見通しのきく芝生が広がり、母親は少し離れたところで腰を下ろして見守れます。生後6か月頃からはハイハイで、1歳を過ぎれば遠くまで歩いたり走ったりして自由に過ごせます。1～2歳の子どもにとっては、芝生を歩き走るだけでうれしく、エネルギーを発散できます。

室内でも戸外でも、自由に遊ぶためには、環境選びが求められます。目を離してもよい場所を選んだり作ったりして、わが子だけでなく、お母さんも自由に過ごしましょう。

No.16

どこでどう遊ばせればいい？

家の中は狭くて、近くに公園もなく、どこで遊ばせればよいのかわかりません。危険でなく、自由に遊べる場所が見つからないのです。たまに遠くの公園に出かけると、葉っぱや小石を手にして口に入れたりしますす。不潔なので取り上げると泣いてしまい、遊びになりません。

答えます!

遊ぶように生まれついている

人間を含むほ乳類や鳥類などの高等動物の子どもは、生きる力を身につけるためにさまざまな学習をする必要があり、その学びを自発的に楽しく行う遺伝的な仕組みが遊びです。中でも、人間は最もよく遊ぶ動物です。

何十万年もの人類進化の過程で遺伝子に組み込まれた遊ぶ能力は、生きる上で必要な学びをもたらし、それによって身体と心と脳が育つのです。

ですから、生まれたばかりの赤ちゃんも遊ぶ能力を身につけていて、どこでも何でも遊ぶことができるのです。その遊びを親が邪魔しないのが大切です。戸外でもできるだけ子どもの自由にさせて、親は近くで見守りましょう。

やってみよう

子どもの好きなように遊ばせてみましょう

子どもは遊びの天才といわれるように、どこでも遊べるし、何でもおもちゃにできます。まだハイハイできない赤ちゃんは、自分の足を触ったりなめたりして遊びます。ですから、室内では、自由に何をしてもいいスペースを作って、子どもの好きなように遊ばせます。戸外にも積極的に出かけましょう。3歳までの乳幼児にとっては、ブランコやすべり台のない緑地が安全です。遊具のない、シンプルな環境の中では、自然物を手にして集中して遊ぶことができます。

No.16

もっと知りたい！

育児学講座

遊びは学び

子どもは遊びを通して
生きる力（非認知能力）を主体的に育む

家での遊び方

- ☑必要最小限のおもちゃでシンプルな環境
- ☑口に入れたり触ったりしても危なくないもの
- ☑親子が一緒になって楽しめるもの

戸外での遊び方

- ☑遊び道具や遊具がなくても遊べる
- ☑芝生や草原がおすすめ
- ☑多様な環境や四季の変化、さまざまな気象を直接体験することで脳が育つ

戸外での遊びにはこんな効果も…

・ある程度の細菌に触れることで免疫力を高められる
・戸外で遊びまわることで食欲が出て、夜もぐっすり眠れる

遊びは学び

人間の子どもは、遊びながら生きる力を能動的に学ぶので、「遊びは学び」という視点がとても重要です。遊びを通して、生きる力（＝非認知能力：自発性・主体性、意欲、集中力、忍耐力、自信・自己肯定感、そして感性）を主体的に学ぶ様子から、「自ら学ぶ」「自ら育つ」存在といわれます。ですから、どこであっても、子どもの求めるように遊ばせるのがよいのです。

家での遊び方

家で遊ばせるときは、必要最小限のものだけを置くようにし、自由に遊ばせます。家でも外でもなるべくシンプルな環境を作ってあげることが、集中して遊ぶことにつながります。

３歳までは、視覚や聴覚、触覚といった五感にたくさん刺激を与えて、遊び道具には口に入れても大丈夫なもの、手で触って危なくないものを選びましょう。また、この時期は親子のコミュニケーションがとても大切なので、親と子どもが一緒になって楽しめるものもおすすめです。

親が干渉して、一人遊びの時間を奪ってしまったり、次々とおもちゃを与えて喜ばせようとしたり、泣けばすぐに抱き上げるなどをしていると、やがて、抱いていないと寝ない、ちょっとしたことにもすぐに泣くなど、子どもが過度に甘える傾向が進んでしまうおそれがあります。

戸外での遊び方

狭い室内で過ごすだけでなく、戸外で遊ばせてみましょう。生後3か月頃から外に連れ出して、ベビーカーで散歩するのです。公園では、赤ちゃんを芝生やシートの上に下ろします。そこでは、落ち葉を拾ったり、地面を進むアリをじっと見つめたりと、遊び道具や遊具がなくてもいくらでも遊べます。

また、砂場ではなく、芝生や草原のほうがよいでしょう。地面に生える植物などの自然物は太陽光線で殺菌されていますから、口に入れても大きな問題にはなりづらいです。

脳にとって豊かな生活環境というのは、変化、新奇性、複雑性、多様性がある場所ですので、戸外での活動は大切です。また、何よりも、四季の移り変わり、雨、雪、風、そして暑さ寒さは地球環境そのものですから、直接体験を通して、この世界を学んでいくのです。

自然と触れ合って強い身体に

大事なわが子を細菌から守ろうという気持ちはとても大切ですが、極端に赤ちゃんの周りの菌を遠ざけてしまうと、赤ちゃんの免疫力が高まらず、逆に体調を崩しやすい身体になります。強い子どもに育てるため、ある程度の細菌に触れて、免疫力を高める生活を始めてみませんか？　また、外気に肌が触れると風邪を引きにくい身体になります。

そうして戸外でのびのびと遊びまわった子どもは、食欲も出ますし、夜にぐっすりと眠れるのです。遊んで身体を動かせば、機嫌もよくなり、一日の生活にメリハリがつくのです。さらに、外遊びで身体を動かすと、汗腺が発達して体温調節がしっかりできるようになります。

危なくない遊具選びを

公園では、３歳までの幼い子どもは、ブランコやすべり台などの固定遊具のない、芝生や草地のスペースで遊ばせましょう。実は、鉄製固定遊具は３歳未満の子どもには危険なのです。明治時代にアメリカから日本に入った鉄製固定遊具は、幼稚園や保育所、さらには公園にも備えられました。しかし、乳幼児にとって本当にふさわしい遊具なのかどうか、吟味されずに今日まで経過しており、幼稚園や保育所ではブランコやすべり台での事故がよく起こりました。

結論として、子どもはどこでも遊べますし、好きな遊びを自由に満足するまでさせるのです。その際、親は危ないものがないかどうかに気を配りながら、見守ることに徹しましょう。

No.17

イヤイヤ期に悩まされる

2歳の息子は**イヤイヤ期の真っ最中です。何を言っても「イヤ」と答えるので困っています。**言葉かけを変えてみたり、お助けアイテムを使ってみたり、いろいろと工夫していますが効果がありません。今まで言うことを聞いてくれたのに、どうして嫌がるようになったのでしょうか？

答えます！

あきらめも肝心

イヤイヤ期を迎えるのは、脳が成長して、自分で何でもやりたいと思うようになった証拠です。しかし、この時期の子どもは、まだ感情を抑制する脳の部位が十分に発達していないために、パニックになったり大泣きをするのです。子ども自身が抑えられるものではありません。むやみに叱ったり禁止して、なんでも「ダメ」と言っていると、子どもだけでなく、母親も父親も嫌な気持ちになってしまいます。子どものすることはあまり気にせず、「この時期は仕方ない」と思うと気持ちが楽になります。

やってみよう

余裕をもちましょう

わが子のイヤイヤ期は、脳が発達して心理的にも成長した証拠として、寛大な目で見守ってください。イヤイヤを始めたら、むしろ自分の子育てに自信をもってよいのです。

イヤイヤ期に限らず、子育てには余裕が必要です。気持ちにも時間にも余裕をもつと、親子ともにストレスなく過ごせるようになります。親がリフレッシュの時間を作ったり、ストレス発散方法をもっておきましょう。気持ちに余裕が生まれれば、子どもを優しく見守ることができ、イヤイヤ期も上手に乗り越えていけるはずです。

No.17

もっと知りたい！

育児学講座

イヤイヤ期 ＝ 自立期

自分の意思を主張しはじめる
→言葉にできないからかんしゃくになってしまう

子どもの気持ちを受け止めよう

✕ 子どもの要求をすべて受け入れる
○ 子どもの気持ちを理解してあげる

理由を添えて、無理なこと・やってはいけないことは、
しっかりと伝える

「イヤイヤ」が体調の悪さからくる
場合もあるので要注意！
「何かいつもと違う」と思ったら確認を

イヤイヤ期は反抗期ではなく自立期

イヤイヤ期は1歳半〜2歳くらいで始まることが多いといわれています。ただ、正確な時期があるわけではなく、個人差が大きいです。0歳頃から始まる子どももいれば、3〜4歳頃から始まる子どももいて、終わる時期もさまざまです。

イヤイヤ期は、その名の通りどんなことにでも「イヤ!」と拒否し、親の言葉を聞かないという特徴があります。ただ、これは自我が芽生えてきたという成長の証でもあり、子育てをしていればおそらく誰もが経験するものです。イヤイヤ期は第一反抗期といわれますが、筆者（金子）は「反抗」という言葉は不適切だと考えます。自分の意思を主張し始める「自立心」の表れだと肯定的にとらえたいものです。

何か気に入らないことがあったときに、いきなりかんしゃくを起こす場合があります。これは主に0〜2歳の子どもに多い行動で、自分の気持ちをうまく言葉にできないため、かんしゃくという方法で気持ちを表現しているのです。言葉で気持ちを伝えられるようになれば次第に減っていきます。つまり、自分でやりたい気持ちが強く、なんでもやろうとしますが、そこに実力が伴わないため、イヤイヤと言ってしまうのです。

イヤイヤ期の対応

1歳頃であれば、別のことに注意を向けてあげてもよいでしょう。おやつやおもちゃなど、楽しいものを使ってみてもよいですね。これは、大きくなってからも使えるテクニックです。公園で遊んでいて「まだ遊びたい」「帰りたくない」と言ったときなどは、「おうちに帰ったらこれで遊ぼうか」「家まで競走して帰ろう」など、楽しいことを提案してみてもよいでしょう。ただし、どちらの場合も子どもの気持ちは一度受け止めましょう。「ごまかす」のではなく「切り替える手助けをしてあげる」イメージです。ごまかすと逆にイヤイヤが強くなってしまうため、注意しましょう。

気持ちを受け止めるというのは、子どもの要求をすべて受け入れるという意味ではありません。子どもの気持ちを理解してあげるのです。無理なこと、やってはいけないことは、しっかりと伝えてあげてください。理由を添えて、「パパ・ママはこう思うからこれをやめてほしいんだ」というメッセージを意識していきましょう。

2歳頃になると、心の発達に伴って「自分でチャレンジしたい」という意欲が芽生えてきます。しかし、なかなかうまくできずイライラしてしまいます。そのもどかしい気持ちをうまく伝えられず、「イヤ!」とかんしゃくを起こしてしまうのです。「自分でやりたい!」という欲求がどんどん出てくるというのは、発達においてとても重要であり、自立へと向かう第一歩です。この時期を大切にすることで、チャレンジ精神旺盛で意欲的な子どもに育っていくのです。

自己意識が育つにつれて、「やりたい」「やりたくない」「ほしい」「こっちがいい」などの自分の意思がはっきりしてきて、自己主張の気持ちが強くなります。何が何でも自分の主張を通したいという強いこだわりも見える時期です。

「イヤ」の種類に注意

「ずっと機嫌が悪い」「何をしても泣きやまない」というときは、体調が悪くないか確認しましょう。イヤイヤ期であっても、「何かいつもと違う」という様子には気づきやすいはずです。熱を測ったり、痛がっているところがないか確認したり、必要であれば病院を受診しましょう。難しい時期だからこそ、体調を含めた本当の原因に気づけるようにしてあげてください。

親から何を言われても「イヤ」と言うのは、まさにイヤイヤ期の特徴です。意味もなく「イヤ」と言っているだけの場合もあるでしょう。何でもイヤというときは、子どもに任せて一旦離れてみるのもおすすめです。遠くからそっと見守っていると、いつの間にか自分でやっている場合もあります。イヤなことがあるのではなく、「イヤ」と言うことが目的になっているケースもあるのです。

イヤイヤ期をうまく乗り越えるためには、細かいことは気にしないようにするのが一番です。危険がなければ、何でも任せてやらせてみましょう。この時期は仕方ない、これくらいは我慢しようと思うようにすると、親の気持ちが楽になります。

No.18

しつけってどうやればいいの？

わが子が成長するにつれて、いたずらや自分勝手な行動も増えて、困ります。

育児書やネットには「子どもを怒らないようにして見守りましょう」と書いてありますが、そうするとわがままになる一方です。私が厳しくしつけても、おばあちゃん・おじいちゃんが甘やかしてしまい、しつけの効果がなくなってしまいます。

答えます！

しつけは必要です

「しつけ」は教育の一環です。生まれて間もない赤ちゃんはこの世界を何も知らないので、家庭や社会の中でのルールや、やってよいことと悪いことを教えて、親も子どもも心地よく過ごせるようにするのがしつけです。そこでは、「危険」を教え、「我慢」を学ばせます。

　赤ちゃんであっても「しつけ」は必要です。例えば、食べ物でふざけていたら、食事をさげてしまう。車に乗ったら必ずシートベルトをつけるのを教えるために、嫌がったとしてもチャイルドシートに座らせる。親の威厳を示して対応します。

　もちろん、体罰は厳禁です。また、感情的に怒るのではなく、冷静に言い聞かせるなど、それ以外の方法でしつけるのです。

やってみよう

毅然とした態度で向き合いましょう

「泣きわめいたら、親は言うことを聞いてくれる」と思わせない対応をすることが大事です。例えば、おもちゃ屋でおもちゃをほしがって泣きわめいたら、周囲の人に迷惑をかけないために店外に連れて出て、泣き声に負けておもちゃを買ってあげることなく、落ち着くまで待ちます。世の中には自分の思い通りにならないことがあるのだと、幼いうちから我慢を教えるのです。

　このことは、祖父母にもよくわかっておいてもらいましょう。しつけは大切な家庭教育の一環です。かわいい孫が、家族みんなと仲良くなるために必要な教育なのです。

No.18

もっと知りたい！

育児学講座

しつけの基本

・家庭や社会のルールを学ぶ
・自分のことを自分でできるようにする

しつけの土台は…

親子の信頼関係が育まれてこそ、しつけは成り立つ

・新生児期からのスキンシップ
・子どもの意欲やできたことを認めてほめる

危険や我慢を教えるしつけのコツ

・なぜダメなのかをしっかりと伝える
・地道に言葉かけを積み重ねていく

「自分のことを自分で」が基本

「しつけ」は漢字で「躾」と書くように、身を美しくするという意味があります。親がわが子の言動を正し、対人関係をスムーズにする、家庭教育の一環といえます。

自分で身の回りのことができるように、早い時期から考えてあげてください。自分のことを自分でできるようにするのがしつけの基本です。赤ちゃんは大人が思う以上に賢く、いろいろなことが理解できるものです。言葉だけでなく、表情やジェスチャーで親の思いを伝えていきましょう。

しつけは信頼関係があってこそ

保護者と子どもとの人間関係づくりは、新生児期から始まります。まず、抱っこなどのスキンシップによって赤ちゃんは安心感を得ることができます。そして、赤ちゃんの好奇心旺盛な行動を丸ごと受け止め、受け入れましょう。そうすることで、「自分は親に愛されている」「親は自分の存在を大切に感じている」という基本的信頼感が生まれ、しつけの土台となっていくのです。親子の信頼関係が育まれてこそ、しつけは成り立つことをしっかり理解しておきましょう。普段から子どもの意欲やできたことを認めてほめてあげることで自尊心を育み、信頼関係を構築しておくことが、しつけをしやすくする一番のコツといえます。愛情をもって、丁寧にしつけをしていきましょう。

危険を避けるのは親の役目

0歳後半の赤ちゃんは、コンセントに手を入れようとしたり、熱いものに触ろうとしたりと、危険な行動もしてしまうものです。とはいえ、0歳の赤ちゃんは何が危険で、何が安全かを理解できません。赤ちゃんを注意するのではなく、親が危険のないように家庭環境を整えてあげるようにしましょう。

つかまり立ちや伝い歩き、そして1歳前後でヨチヨチ歩きが始まって、動きが活発になり行動範囲が広がると、家の中には危険が増えてきます。完璧に危険がない状況を整えるのも不可能ですし、赤ちゃん自身が危険に近づき、痛い目にあったり、注意され止められるという経験も必要になってきます。こういったときは「危ない！」ということをしっかり伝えてあげましょう。ケガにつながるような危険な行動があった場合は、きちんと叱るということも必要になってくるでしょう。ただし、その場合もなぜダメなのかをしっかりと伝えることが大切です。

危険や我慢を教える言葉かけ

赤ちゃんが成長して親の言葉かけが少しずつ理解できるようになってきたら、危ないことや我慢しなければいけないことなどを少しずつ伝えていきましょう。家庭と社会には守らなければいけないルールやマナーがあることを、早い時期から少しずつ理解できるように教えていくことはとても重要です。例えば、我慢させるための言葉かけであれば、「まだ遊びたくてもご飯の前には片づけよう」「まだ外で遊びたくてもそろそろおうちに帰ろう」などと教えていきます。そのときに親が期待するように動けないことのほうが多いかもしれませんが、長い目で見て、地道な言葉かけの積み重ねが、小さな子どもの体験となって蓄積されていくはずです。

家庭に合った方針を

子どものしつけは両親の大切な役割です。とはいえ、「良いこと」「悪いこと」の判断や、従うべきルールの範囲、子どもへの教育方針は、人によって千差万別。経験や育ってきた環境、価値観などが反映されるので、しつけの具体的な内容についても、さまざまな考え方があるものです。

このとき大切なのは、しつけを一貫することです。親の言うことがコロコロ変わっては子どもも混乱して、何が正しいのかの判断がつかなくなってしまいます。そうならないためには、夫婦や家族で話し合い、自分の家庭のしつけの視点と教育方針をもつことが大切です。

No.19

早期教育って必要？

「3歳までに脳が成長する」という育児書の言葉や、早期教育教室のCMを目にして、**早く習い事や早期教育を始めたほうがよいのかと焦っています。**わが子の仲良しの友だちは2歳から幼児教室に通い始めて、漢字も算数も覚えているようで、比較して気にしてしまいます。

答えます!

早期教育には限界がある

０～５歳は脳が急速に発達するので、この時期から早期教育を受ければ、知的能力を高められるといわれています。ただ、その長期的効果は、実は科学的には証明されていないのです。

早期教育の教室では、勉強でも芸術系やスポーツ系の習い事でも、工夫された教材を使っているので効果はあります。しかし、早期教育を受けず、小学校入学時にはみんなより遅れていた子でも、学校の授業に興味をもって自ら学べば、そのうち早期教育を受けた友だちに追いつきます。早期教育が知的能力を向上させる効果は一時的なものといえます。

やってみよう

楽しく学べることを大事にしましょう

わが子のそのときの興味・関心を踏まえて、長期的に楽しく学べる教育環境を作りましょう。大切なのは「楽しさ」です。本来、学びは楽しいものです。子どもが嫌々取り組んでいては知識が身につかず、早期教育の意味がなくなります。楽しんでいるかどうかを見極めて、無理強いしないように気をつけましょう。子どもが楽しんで自主的に学ぶのが知的能力の発達する鍵です。くれぐれも、ほかの子どもたちと比べないようにしましょう。

No.19

もっと知りたい！

育児学講座

早期教育には効果があるが、あくまで限定的なもの

日本で早期教育が広まった背景

1971年に刊行された
ソニー創業者・井深大《まさる》の著書の影響

3歳までに人間の能力・性格は決まる

しかし、その真意は…

本当に必要なのは

○ 心の教育　✕ 知的教育

親が明るくなごやかな家庭環境を整え、
子どもの好奇心や興味を尊重することが大切

主体的な学びが基本

アメリカの脳科学者の本を監修した「赤ちゃん学」の研究者は、「学習とは自ら学ぶことであるという基本を無視し半強制的に教え込もうとする方法は、すぐに効果が表れやすいのだが、長期的に見たとき自ら考え行動するという重要な能力をむしろ阻害する危険性もあると思われる」[1]と教えます。

早期教育の効果は一時的かつ限定的

アメリカの経済学者による、幼児期における早期教育の効果についての研究を要約すると、３歳のときから2年間、特別の早期教育を受けた子どもたちのＩＱは著しく伸びており、受けていない子どもたちとの間に明らかな差がみられました。その意味では、やはり早期教育には効果があることが再確認されたのです。しかし、その効果は長続きしませんでした。２年間の教育の終了後は、両者の差が徐々に縮まり、８歳の時点では差がなくなりました。つまり、早期教育が知的能力を向

1　エリオット・Ｌ（著）、小西行郎（日本語版監修）、福岡洋一（訳）『赤ちゃんの脳と心で何が起こっているの？』楽行社、602ページ、２０１７年（原著：１９９９年）

上させる効果は一時的なものにすぎず、小学校中学年の頃には効果が消えたのです。一方、知的能力に対し、学習意欲、自制心、忍耐力、そして信頼できる人間性などの「非認知能力」は高まり続け、その後よい高等教育を受け、収入の多い職業につく人が多かったという結果にもなりました[2]。

子どもの能力は知的なものだけではなく、非認知能力・人間性を含めて、全体的にとらえないといけません。

日本での早期教育の広まり

日本で早期教育が広まったのは、1971年に出版された『幼稚園では遅すぎる 人生は三歳までにつくられる!』[3]の影響が大きいとされます。この本はソニー会長（当時）の井深大の著書で、センセーショナルなタイトルのためにベストセラーになりました。

あらためて内容を見ると、当時最先端の脳科学の成果を取り入れて、「生まれてから3歳ぐらいまでのあいだに、人間の能力や性格は、ほとんど決まってしまう」や、「0歳から3歳ぐらいまで

2 ヘックマン・J・J（著）、大竹文雄（解説）、古草秀子（訳）『幼児教育の経済学』東洋経済新報社、33ページ、2015年（原著：2013年）

3 井深 大『幼稚園では遅すぎる 人生は三歳までにつくられる! 新装版』サンマーク出版、20・23・24・52・219・240ページ、2003年（原著：1971年）

のあいだの教育しだいで、天才をつくろうと思えばつくることもできる」と書かれています。こうした説を読むと、３歳までに早期教育を行わなければ一生悔いが残ると考えて、世の親たちがわが子を幼児教室に通わせたのも無理はありません。しかし、この本をよく読むと、幼児期の知的教育を勧める内容ではなかったとわかります。

井深の本には、幼児教育の唯一の目的は「柔軟な頭脳と丈夫な体をもった、明るく素直な性格の子どもに育てる」ことであり、「毎日毎日の育児こそが、本当の幼児教育。母親の子どもに接する態度や感情が、子どもの心に影響を及ぼす」と書いているのです。そして、知能指数や覚えた漢字の数などは重要ではないと述べています。

本当の早期教育とは

後になって井深は、自分の本によって早期教育が流行したことを悔やんで、「本当に必要なのは、知的教育よりも、心の教育であり、私が問いたかったのは、そのために母親が果たす役割の大切さだったのだが…」と語っています。

本当の早期教育とは、親の見栄や自己満足ではなく、子ども主体の、学びたい思いを大切にした、その子に合った教育といえます。乳幼児期は、教えるよりも子どもの自主性を尊重して学ぶ力を育成し、脳や心の基本を育てるために、家庭環境を整えることが重要です。

No.20

子育てってお金がかかる

出産・育児には思いもよらない出費がかさみます。子どもに必要なもののリストを作ってみると、とてもうちの家計では収まりません。ほかにも、毎日の家事・育児負担を少なくするための家電も買いたいのですが…。**何とか出費を抑える方法はないでしょうか。**

答えます！

必要なものを把握して、費用を抑えるために準備しましょう

子育てにかかる費用は、経済状態や教育方針などによって異なりますが、年間約100万円必要です。赤ちゃん用品は必要不可欠ですが、母親の育児・家事の負担を少なくするために、必要な物品・家電を買えるお金を妊娠中から用意しておきましょう。便利家電は母親だけでなく、育休中で育児・家事をする父親にとっても役立ちますから、是非揃えてください。妊娠がわかった時点から、節約モードに入り、外食や旅行など、不要不急の出費を抑えたり、ぜいたく品を買わないようにして、家計の抜本的見直しを行います。

また、出産・育児に必要な費用を抑えるために、補助金の制度を知っておいて、行政の窓口に補助金の申請に行きましょう。

やってみよう

レンタルを活用しましょう

使う期間が短いものは、レンタルを活用しましょう。ベビー用品は高額なうえ、赤ちゃんが成長すると使わなくなるものが多く、保管の場所もとります。レンタルであれば、必要な期間だけ利用できます。

今は、ベビーカー、チャイルドシート、ベビーバス、お宮参り等のセレモニー用品など、さまざまなものをレンタルすることができます。例えば、ベビーベッドの購入には２～３万円かかりますが、レンタルだと３か月で約 8,000 円、半年だと約１万 2,000 円程度に抑えられます。産まれて半年程度で赤ちゃんは動きが活発になり、ベビーベッドを卒業するので、レンタルの利用も検討するとよいでしょう。

No.20

もっと知りたい！

育児学講座

出産・育児の費用負担を減らせる制度を活用

・妊婦健診の助成金

・出産育児一時金

→自治体の窓口や保健所に相談を

必要な費用を把握して備える

産前産後に必要な物品

【母親】マタニティ用のショーツ・ブラジャー、マタニティウェア、授乳服、産褥《さんじょく》ショーツ、骨盤ベルトなど

【赤ちゃん】肌着、カバーオール、おくるみ、おむつ、スリング、抱っこ紐、ベビーカー、チャイルドシートなど

家事・育児の負担を減らすための物品・サービス

【家事】みじん切り器、ロボット掃除機、洗濯乾燥機、食器洗い乾燥機、ウォーターサーバー、食材の宅配サービス、家事代行サービスなど

【育児】市販のベビーフード、自動調乳機、液体ミルク、ハンズフリー授乳クッション、ベビーサークル、バウンサー、布絵本、ベビーシッター、産後ドゥーラなど

利用できる制度

妊婦健診の費用は、１回あたり約５０００円～７０００円ほどかかります。妊婦健診の回数は14回なので、合計10万円近くにもなってしまいます。これらをすべて実費で払うと大変ですが、**各自治体からの「助成金」で軽減することができます。**各自治体により内容や金額はさまざまですが、住んでいる市町村の窓口に「妊娠届」を提出すると、母子健康手帳と一緒に「妊婦健康診査受診票」を受け取ることができ、健診の一部が公費負担となります。

また、出産にはまとまった費用が必要ですが、健康保険に加入している人は、**申請手続きをすると健康保険から50万円ほどの「出産育児一時金」が給付される**ので、実質的な負担は数万円から20万円程度になります。出産育児一時金は、加入している健康保険を通じて支給されます。

わからないことは自治体の窓口や保健所に相談し、利用できる制度や手続き方法について確認しておきましょう。

産前産後の物品購入に必要な費用

産前産後の母親の衣類や育児用品を揃える費用も把握しておく必要があります。母親に必要な衣類には、マタニティ用のショーツ・ブラジャー、マタニティウエア、授乳服などがあります。産褥ショーツや骨盤ベルトなどを用意するのもよいでしょう。

次に、赤ちゃんのための衣類や育児用品には、肌着、カバーオール、おくるみ、ガーゼタオル、オムツ、スリング、抱っこ紐、ベビーラップ、ベビーカー、チャイルドシートなどがあります。

何を揃えるか、どれほどの品質のものを選ぶかで費用は大きく変わりますが、最低限必要な衣類・用品を揃えるのに必要な金額は20～25万円くらいになるでしょう。

家事・育児の負担を減らすための費用

以上に加えて、家事・育児の負担を軽減するための用具・家電等の購入も検討しましょう。

- **家事に便利**：みじん切り器、ロボット掃除機、洗濯乾燥機、食器洗い乾燥機、ウォーターサーバー
- **育児に便利**：市販のベビーフード、自動調乳機、液体ミルク、ハンズフリー授乳クッション、ベビーサークル、バウンサー、布絵本

ほかにも、食材の宅配サービスやベビーシッター、産後ドゥーラなどの便利なサービスを利用しましょう。家事代行サービスでは、産前産後に特化したサービスを提供しているところもあります。2時間5000～6000円程度なので、母親が動けない出産後の1か月くらいは、各種サービスを利用しましょう。

ワンオペの疲労を減らすための、いちばん手っ取り早い方法はお金です。なぜなら、ワンオペ家事・育児というのは、「お金に換算すればかなりの高額になる量と内容の労働を無報酬でひとりでやっている状態」[1]のことだからです。

子育てにはいろいろお金がかかるので、夫婦二人だけのときのような生活はできません。旅行や外食、衣服や高額の物品の購入を控えることが求められます。お互い、妊娠期から意識して、母親と父親としての生活様式に変えていきましょう。

1　ハラユキ『ほしいのは「つかれない家族」ワンオペ家事&育児に絶望した私が見つけた家族のシアワセ』講談社、148ページ、2020年

No.21

育児書を読んでもうまくいかない

子育ての悩みや不安を解消してくれる育児書がなかなか見つかりません。わが子の成長や性格は育児書とは違うので戸惑うし、**育児書のとおりにしても、子育てがうまくいかなくて、どうしたらよいかわかりません。**いっそ育児書を読まずに赤ちゃんに接するほうがよいのかと思ったり…。

答えます！

育児書はあくまで参考書

育児書には平均的な子どもの姿が書かれていますが、子どもは一人ひとり違い、成長も性格も、ほかの子どもと同じではないのが普通です。有名な育児書の著者スポックは、育児書の内容をそのまま受け入れられては困ると述べています[1]。自分の子どもを一番よく知っているのは母親であり、育児書の著者はその子について何も知らないからです。ただ、育児書ですべての悩みを解消できないとしても、参考書として、子育ての基本や一般的な子どもの特徴を育児書で理解しておくと、わが子に日々接する中で子育てが向上していくでしょう。

1　スポック・B（著）、高津忠夫（監修）『スポック博士の育児書』暮しの手帖社、１ページ、１９６７年（原著（第２版）：１９５７年）

やってみよう

育児書を参考にしつつも、わが子を見て育児しましょう

書店には数多くの育児書が並んでいます。妊娠期から手に取って比較検討してみましょう。ある育児書を少し読んでみて、「自分には無理そう」「わが子には当てはまらない」と思えば、ほかの育児書に移ればよいのです。当てはまる育児書がないのであれば、わが子の機嫌や元気さを見ながら育児していきましょう。育児書は参考にするとして、それにしばられる必要はないのです。

No.21

もっと知りたい!

育児学講座

明治以降

外国の育児法が日本に伝わる

↓

日本伝統の育児法にも
学べる点は多い!

文化・風土が違うため
すべてを参考にできるわけではない

50年以上前の本が
今でも支持されていることも!

育児書を選ぶ際

新しい育児法にばかり注目するのではなく
日本の育児文化や赤ちゃんの本能・生理を踏まえた
不変的に役立つ育児法にも目を向けてみる

育児文化は国によって異なる

江戸時代までは日本の文化の結晶ともいえる育児が長年続いてきましたが、明治時代になるとドイツ医学を学んだ医者たちがドイツ流の育児法を国民に伝えたことで、定時授乳や、添い寝の禁止、抱っこの制限など、それまでの日本の育児とは違う方法が広まりました。

戦後になると、アメリカの育児法が伝えられ、日本の親たちは新しい流行としてアメリカの育児書に飛びつきましたが、今日それらの育児書の内容の一部は否定されています。

こうした経緯から次のことが主張できます。

❶アメリカやヨーロッパには日本とはかなり違う育児文化があるので、日本の親子には合わない育児法もあり、無批判に取り入れないほうがよい

❷流行に左右されない、日本伝統の育児法にも学ぶべき点はある。ただし、受け入れる点と受け入れない点は、現在の科学的根拠によってきちんと選択

ここで、改めて国による育児文化の違いを見ると、１９７０年頃まで親子の接触が少ないのは、ドイツ、続いてイギリス、アメリカ、そして、スカンジナビア諸国、ラテン系・ユダヤ系・ロシアとなります。そして、最も接触が多いのは、アフリカや南アメリカの狩猟採集民となっており、世

界各国それぞれの文化によって、大きく異なっているのです[2]。日本はもともと親子の接触が多い国ですが、ドイツとアメリカはいずれも親子の接触が少ない国だったのです。

日本の育児文化

日本に輸入されたドイツやアメリカ流の育児法に対して、日本の育児文化を主張し続けたのは小児科医の松田道雄でした。松田は著書で、「明治になって、西洋の知識がどうと流れこんできたとき、育児法の輸入を医者だけが代理人になってやったことに問題があります。この医者が、病気の治し方という国際的な知識と、子どもの育て方という民族的な方法とをごっちゃにしてしまったのです」[3]と記しています。こうした経緯があり、日本の赤ちゃんは文化・風土のちがう欧米式育児の文化で育てられ、それが母親たちを悩ます原因ともなったのです。

松田がまとめた『育児の百科』の初版は1967年に出版され、これまでの販売部数は180万部以上になり、近年も再評価されています。57年も前に書かれた育児の本ですが、一貫して日本の

2 モンタギュー・A（著）、佐藤信行・佐藤方代（共訳）『タッチング 親と子のふれあい』平凡社、260ページ、1977年（原著：1971年）

3 松田道雄『日本式育児法』講談社、15ページ、1964年

母親たちの悩みに寄り添う松田の思いが込められているからです。

次に、小児科医の平井信義は次のように記しています。「従来の伝統、とくに年寄りから学習する育児の伝統は破棄されたといってもよく、そのために、一時は嫁姑《よめしゅうとめ》の間のはげしい対立が起きた。とくに、新しい育児と称するアメリカの育児が次々と取り入れられ、それがマスコミやその他の機関を通じて報道され、各家庭の母親も新しい育児の方法を採用するに至り、従来のわが国の伝統的な育児はむしろ誤りであったとして放棄されたのである」[4]。

育児書の選び方

育児の基本は、何万年の間不変の部分が多いのです。ですから、新しい育児法を唱える育児書がよいとも限りません。小児科医、助産師、心理学者などの専門家で、育児経験のある人が執筆し、赤ちゃんの本能・生理を踏まえた科学的根拠をもった育児書が望ましいでしょう。

現在では、数多くの育児書が販売されていますし、日本人が書いた育児書には、よい本がたくさんあります。ネット情報だけでなく、書店に行き、育児書を手に取って「まえがき」や「目次」だけでも眺めてみてください。お金と時間をかけて得た情報は、きっと母親たちを救うはずです。

4　平井信義『育児学』光生館、90・329ページ、１９７４年

No.22

祖父母に昔の育児観を押しつけられる

祖父母に昔の育児の価値観を押しつけられて困っています。

それまで関係は良好でしたが、出産してからは子育てに口を出され、ストレスを感じることが増えてしまいました。

答えます！

親しき中にも礼儀あり

祖父母とうまく付き合うには、適度な距離感を保つことが大切です。「親しき中にも礼儀あり」ですから、実の父母であっても義理の父母であっても、あまりにもアレコレと口を出すようであれば、少し距離をおいてみるのもよいでしょう。

義理の父母に対しては、母親は強く言えませんから、父親が自分の親たちに意見する姿勢が求められます。子育ての主役は母親と父親です。母親が自分の考えで育児できるように、正しい知識を身につけて、父親を味方につけましょう。

もし、祖父母の心の奥にしみ込んでいる男尊女卑の思想やしつけと称して体罰をふるう考えがあるとしたら、明確に否定しなければなりません。

やってみよう

専門家の力を借りましょう

母親自身が根拠のある正しい知識を身につけて、祖父母世代にも新しい育児方法について知ってもらいましょう。

専門家の発言を参考にして、「かかりつけのお医者さんがこうおっしゃいました」「保育所の保育士さんから言われました」などとアピールするのも１つの方法です。子育て経験のない母親の意見は尊重されなくても、専門家の意見なら正しいのかも？　と、口出しされづらくなるでしょう。

No.22

もっと知りたい！

育児学講座

孫育て　両親の子育てをサポートすること

まずは両親が自身の希望を伝える

環境や社会が変化すれば、育児の正しい情報も変わる

両親と祖父母がともに学び合い、今の正しい情報を知っておく

祖父母との交流は子どもにとっても大事

・親以外の性格や考えを知ることができる
・親以外からの愛情を受け取ることができる

今の正しい情報を学び合い、話し合う

祖父母世代にとって、孫育ての基本は、両親の育児の方針、育児の方法、手伝ってほしいこと、してほしくないことをよく聞き、両親の子育てをサポートすることです。父母と祖父母の双方が納得するための最初の一歩は、親の意見とその根拠を説明することです。まずは、親が自身の希望をはっきり伝えましょう。

子育てに関する情報には、勘違いや迷信など、科学的根拠のないものも多くあります。時代とともに、子育ての環境や社会も変化し、30年前によいとされていた考え方が現代の子育てには当てはまらないことも多々あるのだということを親世代も祖父母世代も理解し、今の正しい情報を知っておくことが大事です。例えば、以下のような情報があります。

昔　泣いたらすぐ抱くと「抱き癖」がつくので、むやみに抱かない。
今　泣いたら抱っこしてもらえることは、信頼関係を築く第一歩。
昔　母乳より粉ミルク。母乳なら正確に3時間おきに授乳をする。
今　まずは母乳、足りなければ粉ミルクを足す。赤ちゃんがほしがったタイミングで授乳する。
昔　3歳までは家庭で母親に育てられるべき（1960年代に主張された「3歳児神話」）。
今　「3歳児神話」に科学的根拠はないので、産休明けから保育所に預けてもよい。

祖父母世代が子育て経験者だからと過信しすぎず、祖父母世代と父母世代で話し合って、助け合いながら子育てができるとよいでしょう。

祖父母はよかれと思ってアドバイスをしていますが、父母にとっては自分の育児を否定されているようで、複雑な気持ちになる場合もあります。しかし、祖父母も子どものことを心配しているから、「抱き癖をつけたらだめだから抱かないように」「決まった時間に授乳しないとだめ」と口を出すのです。

孫を甘やかす祖父母とは、昔の人の言葉を共有するのもよいでしょう。有名な教育書『エミール』を書いた、フランスのルソーの名言として知られているのは、「子どもを不幸にするいちばん確実な方法はなにか、それをあなたがたは知っているだろうか。それはいつでもなんでも手に入れられるようにしてやることだ」[1]。このことは親も忘れないようにしましょう。

祖父母との交流

母親にとっては、アレコレロを出されてしまうのは不本意ですが、祖父母との仲がこじれてしまうのは、わが子にとってもマイナスです。また、子どもの前でおじいちゃんおばあちゃんが母親を

1 ルソー（著）、今野一雄（訳）『エミール（上）』岩波書店、154ページ、1978年（原著：1762年）

責めているのを見るのは、子どもの精神面にもよくありませんので、それだけはやめてもらいましょう。

毎日子育てをしている母親は、愛する子どものことを一番理解しているといえます。しっかり自信をもって、子育てに励んでください。育児の主役は母親と父親で、祖父母はサポーターだということを忘れないようにしましょう。

孤立した核家族化が進んでいる現代では、祖父母世代と同居して育児をしているという家庭は少ないですが、近くにお住まいの場合は、たくさん子どもの顔を見せてあげたいものです。祖父母との交流は、両親が助かるだけでなく、子どもにもよい影響があります。小さいうちから祖父母と交流をすることで、親以外の人の性格や考えがあることを学びます。また、両親以外にも子どもに対して愛情を与えてくれる存在として、祖父母の存在はとても大きいのです。

No.23

3歳児神話・母性神話は本当なの？

「3歳までは家庭で母親が育てないと、生涯にわたって子どもに悪い影響がある」という「3歳児神話」と「すべての母親には子どもをいつくしみ育てる母性が備わっている」という「母性神話」に苦しんでいます。「こんなに小さいのに保育所に預けられてかわいそう」と周りに思われているのではないかと、**わが子を預けるのに罪悪感をもってしまいます。**

答えます！

〝神話〟に科学的根拠はない

「３歳児神話」は、経済成長を進めたい当時の政府のもとで１９６１年に生み出されました。しかし、３歳までは母親だけが家庭で育児に専念しなければならないという科学的根拠はありません。科学的根拠がないから〝神話〟なのではないでしょうか。

一方、母性という言葉は、母子保健や母性看護の分野で使われ、妊娠、出産、そして母乳を与えるという女性特有の生理的特性を果たすことを意味します。しかし、「すべての母親は子どもを愛し、育児をする本能をもつ」とする母性本能説には、科学的根拠がありません。科学の世界では、子どもを愛することは母親も父親も同じで、人間の育児が本能だけでできるものではないと証明されています。

やってみよう

神話にとらわれず、一人の人間として向き合いましょう

子育てにかかわるいろいろな事実を知り、母親だけの育児にしばられないようにしましょう。同時に、父親が仕事だけにならないよう、二人で話し合ってはどうでしょうか。

母親だって、疲れ果てて育児をしたくないときがあるし、わが子を嫌になるときがあって当然です。ワンオペだとなおさらです。その思いを父親やほかの家族に伝えて、育児・家事を分担してもらいましょう。３歳児神話や母性神話にしばられず、自分の心に素直に生きましょう。

No.23

もっと知りたい！

育児学講座

3歳児神話　　母性神話

国や社会によって作られた考え方

科学的根拠はない

3歳児神話

政府によって否定されている
「母親が育児に専念することは歴史的に見て普遍的なものでもないし、たいてい育児は父親（男性）によっても遂行可能である」

母性神話

・子どもに向かう心理には性別による違いは少なく、個人差が大きい
・育児力に違いが出るのは「経験」の差

神話に振り回されず、自分たちの家庭状況に合った育児を！

「3歳児神話」と「母性神話」がもたらす「夫は仕事、妻は家庭」という考え方は、いずれも国や社会が夫を仕事（明治期から昭和初期までは兵士、終戦後は企業戦士）に集中させて、妻を家庭にしばりつけて育児と家事をさせるために作った言葉だという背景があります。科学的な根拠があるわけではないので、振り回されないようにしましょう。

3歳児神話は否定されている

3歳児神話は、日本だけで広がりました。その後、依然として少子化が進み、母親の育児不安や子ども虐待が増加したので、政府は方針を見直す必要性にせまられたようです。その結果、平成10年度の『厚生白書』で、次のように3歳児神話が否定されました。

「母親が育児に専念することは歴史的に見て普遍的なものでもないし、たいてい育児は父親（男性）によっても遂行可能である。また、母親と子どもの過度の密着はむしろ弊害を生んでいる、との指摘も強い。欧米の研究でも、母子関係のみの強調は見直され、父親やその他の育児者などの役割にも目が向けられている。三歳児神話には、少なくとも合理的な根拠は認められていない」[1]。

1　厚生省（監修）『厚生白書 少子社会を考える 子どもを産み育てることに「夢」を持てる社会を』ぎょうせい、84ページ、1998年たしかに、常に保護を必要とする乳幼児期には、誰かが見守り世話をしなければならず、一番適しているのは母親です。しかし、母親一人だけでは育児が大変なので、ほかの家族が世話したり、一時的に家族以外の人が代わって育児をする「共同育児」が動物としての人類のあり方です。つまり、主に育児を担うのは母親だとしても、そのことと母親だけが家庭で3歳までの子どもを育てなければならないのは別問題です。むしろ、母親だけの育児がもたらす育児不安や母子密着の弊害に気をつけないといけません。

母性神話は誤解されている

そもそも、母性という言葉は大正時代に「motherhood（母親であること）」の翻訳語として作られました。それ以前の日本には、母性という言葉はありませんでした。母性という言葉ができてからは、母親は子どもを愛し育てる性質をもっているので、母親だけが育児をするべきだ、と国や社会が母親に求めるようになりました。「母性」に「本能」を加えた「母性本能」という言葉が昭和初期に作られてからは、すべての母親は子どもを育てる本能をもっているのだから、子どもを愛してかわいがるのが当たり前で、できない母親は責められるようになったのです。しかし、子どもを育てない母親は昔からいて、複数のわが子を平等に扱わないとか、どうしてもわが子をかわいく思えず、むしろ嫌悪感や憎しみを抱いてしまう母親を、父親やほかの家族が補ってきました。

たしかに女性と男性では、身体の形態と機能に明らかな違いがありますが、子どもに向かう心理にはそんなに違いはなく、個人差も大きく、育児が上手な男性だっているのです。違いをもたらすのは、育児に向かう責任感と経験です。ちなみに筆者（金子）は、乳児院では男性保育者として多くの乳幼児を世話した経験があるので、育児がうまいという自信があります。育児力は、経験によって上がります。日本社会が作り出した「父は仕事、母は家庭」という性役割が、育児する際の父親と母親の違いを大きくしてきたのではないでしょうか。

このように、国や社会が主張してきた育児のあり方には、問題のある主張が見受けられます。3歳児神話と母性神話に振り回されず、家庭状況に合った子育てをしていきましょう。育児は3歳までがすべてではありませんし、男性も子どもをかわいがり、大切にする心をもち合わせています。

最後に、福沢諭吉が著書の中で、育児をする母親の苦労を父親が分かち合うように求めた言葉を、現代の表現で示します。「妻は妊娠・出産の苦労をするのはもちろん、出産後も乳児にお乳を与え、服を着せて、寒いとき暑いとき、昼も夜も注意して心配するのだから、人の知らないところで苦労が多いものだ。そのため身体が弱っていたら、父としてその苦労を分かち合い、仕事があるとしても事情の許す限り、時間を見つけて育児に協力して、たとえ短い間でも妻を休ませるべきである」[2]。このような主張を聞くと、母親は元気づけられますね。

2 福沢諭吉（著）、林望（監修）『女大学評論・新女大学』講談社、89ページ、2001年（原著：1899年）

引用文献

・井深 大『幼稚園では遅すぎる 人生は三歳までにつくられる！ 新装版』サンマーク出版、20・23・24・52・219・240ページ、2003年（原著：1971年）

・NHKスペシャル「ママたちが非常事態!?」取材班（監修）、ふじいまさこ（著）『ママは悪くない！ 子育ては〝科学の知恵〟でラクになる』主婦と生活社、43ページ、2016年

・エリオット・L（著）、小西行郎（日本語版監修）、福岡洋一（訳）『赤ちゃんの脳と心で何が起こっているの？』楽工社、602ページ、2017年（原著：1999年）

・金子龍太郎「ポルトマン（Portmann）以降の諸知見に基づく子ども観『断続授抱性』の提唱――子ども理解と育児・保育の新たな視点」『子ども学』第5号、250ページ、2017年

・金子龍太郎「乳児の抱きパターン（抱き－分離）の縦断記録の分析――新たな子ども観（断続授抱性）の実証をめざして」『龍谷大学社会学部紀要』第56号、48ページ、2020年

・金子龍太郎・園田正世「母子間「抱き」の24時間記録――母親の育児負担の軽減をめざしたライフログデータの分析」『龍谷大学国際社会文化研究所紀要』第22号、49ページ、2020年

・厚生省（監修）『厚生白書 少子社会を考える 子どもを産み育てることに「夢」を持てる社会を』ぎょうせい、84ページ、1998年

・小西行郎『赤ちゃんと脳科学』集英社、169ページ、2003年

・新村 出（編）、『広辞苑 第六版』岩波書店、1714ページ、2008年

・スポック・B（著）、高津忠夫（監修）『スポック博士の育児書』暮しの手帖社、1ページ、1967年（原著（第2版）：1957年）

・田中喜美子『母子密着と育児障害』講談社、58ページ、２００４年
・辻 直人・熊田凡子『道徳教育の理論と指導法 幼児期から中学校期まで』ヴェリタス書房、38ページ、２０１８年
・ドラッカーマン・Ｐ（著）、鳥取絹子（訳）『フランス人は子どもにふりまわされない 心穏やかに子育てするための100の秘密』ＣＣＣメディアハウス、133ページ、２０１５年（原著：２０１３年）
・ハラユキ『ほしいのは「つかれない家族」ワンオペ家事&育児に絶望した私が見つけた家族のシアワセ』講談社、148ページ、２０２０年
・平井信義『育児学』光生館、90・329ページ、１９７４年
・福沢諭吉（著）、林 望（監修）『女大学評論・新女大学』講談社、89ページ、２００１年（原著：１８９９年）
・ヘックマン・Ｊ・Ｊ（著）、大竹文雄（解説）、古草秀子（訳）『幼児教育の経済学』東洋経済新報社、33ページ、２０１５年（原著：２０１３年）
・ボウルビィ・Ｊ（著）、二木 武（監訳）『母と子のアタッチメント 心の安全基地』医師薬出版、３ページ、１９９３年（原著：１９８８年）
・松田道雄『日本式育児法』講談社、15・60・146ページ、１９６４年
・松田道雄『松田道雄の安心育児』小学館、９ページ、１９８６年
・松田道雄『定本 育児の百科』岩波書店、129ページ、１９９９年
・モリス・Ｄ（著）、石川弘義（訳）『ふれあい 愛のコミュニケーション』平凡社、22ページ、１９９３年（原著：１９７１年）
・モンタギュー・Ａ（著）、佐藤信行・佐藤方代（共訳）『タッチング 親と子のふれあい』平凡社、260ページ、１９７７年（原著：１９７１年）
・ルソー（著）、今野一雄（訳）『エミール（上）』岩波書店、154ページ、１９７８年（原著：１７６２年）

おわりに

この本では、「共同育児」の考え方に基づいて、母親ばかりに押しつけられてきた子育てを見直し、母親が楽になれる知識と方法を紹介しました。今日の孤立した核家族の中で、母親以外の人、特に父親が子育てと家事を担う必然性をお話しした次第です。

これまでの日本では、父親の子育ての責任は、ほとんど問われてきませんでしたが、これからは変わっていくことを願っています。筆者（金子）と面識のあるオーストリアの研究者は、母親の虐待・ネグレクト（育児放棄）に並んで、子育てにかかわらない父親を「父親のネグレクト」として問題視していました。両親ともに子育ての責任を担うという視点で、日本の父親にも当てはめていきたいものです。

日本だと、子どもの虐待・ネグレクトは、もっぱら母親だけが責められます。私は、40年前に乳児院職員を務めていた頃から疑問に思っていました。わが子に手を上げたりネグレクトしたりした母親から話を聞くと、母親はむしろ被害者で、真の加害者は父親だったのです。父親がまったく子育てをしなくて、母親がワンオペ育児で追い詰められたあげくに精神が崩壊して、わが子に手を上げたり育児放棄してしまったのでした。虐待・ネグレクトに至らないまでも、子育ての負担から子どもをかわいく思えない母親はたくさんいます。悩みを抱えている母親たちが少しでも楽になるように、との思いで執筆してきました。

子育てと家事に孤軍奮闘している母親たちが心のゆとりを取り戻して、日々、笑顔で振る舞うことができ

きれば、子どもも父親も、家族みんなの笑顔が多い幸せな家庭が作れるでしょう。（金子）

この本の先輩ママの体験談やアドバイスは、現代の共同育児の経験をもつ城田美貴さんと野本美貴さんにご協力をいただきました。お二人とも筆者（熊田）の教え子で保育学を学び、保育経験をもっています。保育者としての知識や技術をもっていても、母としての育児は初めてで、試行錯誤を繰り返し、戸惑い、さまざまな人たちに助けてもらって育児をしました。どの人たちも、育児の始まりは同じです。この本では、先輩ママたちが、気楽に育児と向き合う日々に至るまでの、生のエピソードや助言を取り入れてみましたので、参考にしてください。母親たちが集まって共同している様子から、育児の楽しさや喜びが伝わってくることでしょう。これからの母親や父親たちのために写真を提供してくださった先輩ママたちに、重ねて感謝申し上げます。（熊田）

この本の出版にあたっては、中央法規出版の皆様に大変お世話になりました。快く出版を引き受けてくださったご厚意に感謝申し上げます。特に編集部の矢崎淳美様には、当初からプロの眼で丁寧に原稿を見ていただき、適切な助言をいただき出版に至りました。心からお礼を申し上げます。

2024年12月　金子龍太郎・熊田凡子

◆著者紹介

金子 龍太郎（かねこ・りゅうたろう）
龍谷大学名誉教授。博士（学術）。専門は発達心理学、児童福祉学、保育学。
社会福祉法人広島修道院児童指導員、北陸学院短期大学保育科助教授を経て、龍谷大学社会学部教授を2024年に退職。広島修道院（乳児院・児童養護施設）勤務時に虐待やネグレクトの被害にあった多くの乳幼児の保育にかかわり、一人で育児せざるを得ず、苦しんで追いつめられたあげくに虐待やネグレクトをしてしまった母親に出会うなかで、母親の孤立した育児に強い問題意識をもつ。ほかに、児童福祉施設の生活環境改善、国際児童福祉組織「SOS子どもの村」を日本へ導入するためのNPO法人の設立、森のようちえんの野外環境整備等に取り組む。
【主な著書】
・『森のようちえんの遊びと学び 保育・幼児教育の原点ナチュラル・キンダーガーデン』かもがわ出版、2019年（共著）
・『抱っこで育つ「三つ子の魂」 幸せな人生の始まりは、ほど良い育児から』明石書店、2014年
・『実践発達心理学 乳幼児施設をフィールドとして』金子書房、1996年

熊田 凡子（くまた・なみこ）
関東学院大学教育学部准教授。博士（学術）。専門は保育学、教育学、教育史。
北陸学院大学人間総合学部専任講師（子育て支援事業「ほくりくがくいんだいがく赤ちゃんサロン」を開設）、江戸川大学メディアコミュニケーション学部准教授（親子集いの場「えどがわ・こどもサロン」を試行開設）を経て現職。関東学院大学キリスト教と文化研究所「キリスト教保育を哲学する」研究グループ代表。
【主な著書】
・『新しい教育原理 新版』ミネルヴァ書房、2024年（共編著）
・『新しい保育原理』ミネルヴァ書房、2024年（編著）
・『日本におけるキリスト教保育思想の継承 立花富、南信子、女性宣教師の史料を巡って』教文館、2022年

ワンオペの悩みが消える！
がんばりすぎない子育て

2025年1月5日　発行

著　者　金子龍太郎・熊田凡子
発行者　荘村明彦
発行所　中央法規出版株式会社
〒110-0016　東京都台東区台東3-29-1　中央法規ビル
Tel 03（6387）3196　https://www.chuohoki.co.jp/
印刷・製本　株式会社ルナテック
本文デザイン・DTP　高見澤愛美（Isshiki）
装幀デザイン　松田喬史（Isshiki）
イラスト　たなかのりこ

定価はカバーに表示してあります。
ISBN978-4-8243-0174-1

A174